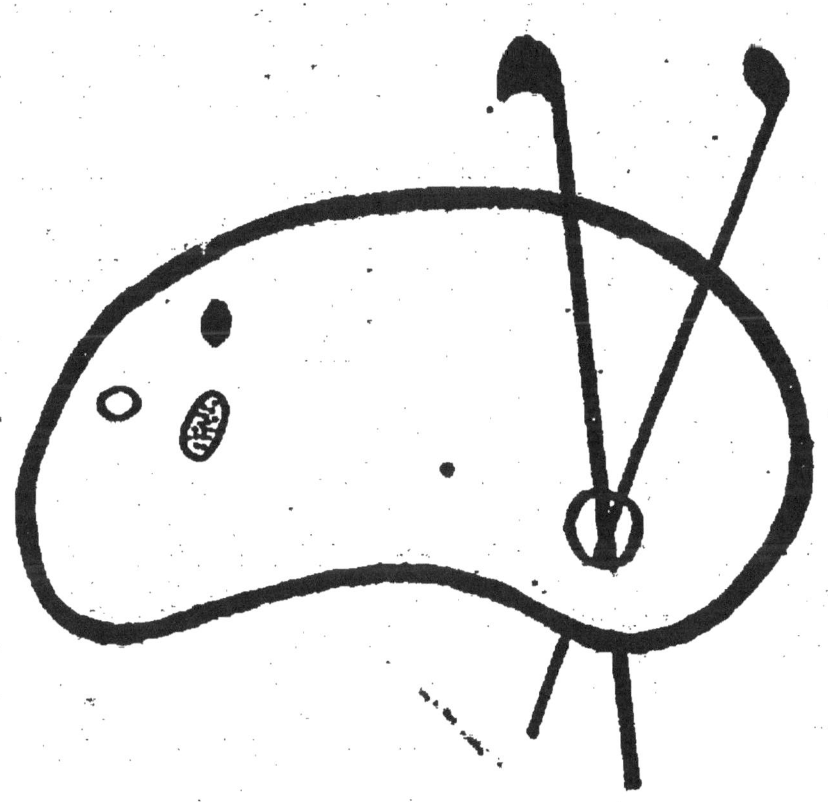

JOSÉPHINE BÉGASSAT

Les Lettres de la Vaunage

(Souvenirs du Languedoc)

Avec préface de René d'ASTI

COLLECTION DU BIBLIOPHILE DU BAS-LANGUEDOC

S. LÉOTARD

Rue de la Convention

CLERMONT-L'HÉRAULT

(HÉRAULT)

1906

DU MÊME AUTEUR

La Gerbe de l'Aède, poèmes, Paris, 1902, Biblioth. de l'Association, 91, rue Lecourbe, 1 vol. in-12 . . . . 2 »

Les Hymnes de Bonté, poésies, avec préface de Lucien Jeny, Paris, 1903, Victor-Havard, éditeur, 18, rue de l'Ancienne-Comédie, 1 vol. in-12 . . . . 2 »

POUR PARAITRE :

Les Sentiers de la Vie, roman.
Jeanne d'Arlal, roman.
Rédemption, roman.
Claudius Marghi, drame.
Les Edelweiss, poésies.
Les Nymphes de la Vallée, poésies.
Dalbray, roman.
Les Lettres berriaudes, esquisses locales.

LES LETTRES DE LA VAUNAGE

DU MÊME AUTEUR

La Gerbe de l'Aède, poèmes, Paris, 1902, Biblioth. de l'Association, 91, rue Lecourbe, 1 vol. in-12 . . . . 2 »

Les Hymnes de Bonté, poésies, avec préface de Lucien Jeny, Paris, 1903, Victor-Havard, éditeur. 18, rue de l'Ancienne-Comédie, 1 vol. in-12 . . . . 2 »

POUR PARAITRE :

Les Sentiers de la Vie, roman
Jeanne d'Arial, roman.
Rédemption, roman.
Claudius Marghi, drame.
Les Edelweiss, poésies.
Les Nymphes de la Vallée, poésies.
Dalbray, roman.
Les Lettres berriaudes, esquisses locales

JOSÉPHINE BÉGASSAT

Les Lettres de la Vaunage

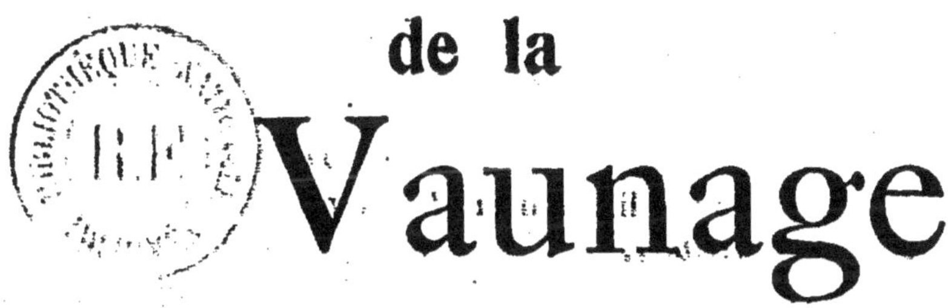

(Souvenirs du Languedoc)

Avec préface de René d'ASTI

COLLECTION DU BIBLIOPHILE DU BAS-LANGUEDOC

S. LÉOTARD

Rue de la Convention

CLERMONT-L'HÉRAULT

(HÉRAULT)

1906

Il a été tiré de cet ouvrage 200 exemplaires sur vélin numérotés et paraphés par l'auteur.

Exemplaire n° 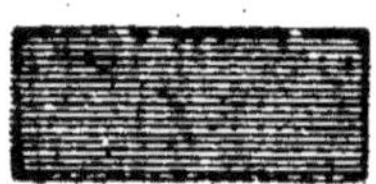

AVANT-PROPOS

Pour faire suite à ses deux ouvrages de poésies, la Gerbe de l'Aède *et les* Hymnes de Bonté, *qui lui ont valu, le 3 juillet 1904, de la* Société Nationale d'Encouragement au Bien, *une médaille d'or (la plus haute récompense après la couronne civique) Mlle Joséphine Bégassat publie aujourd'hui en volume ses* Lettres de la Vaunage.

Ce sont les impressions d'un séjour de quelques semaines dans le Midi de la France, aux environs de Nimes, l'antique cité qui offre encore à la curiosité des touristes et aux méditations des penseurs tant de monuments de la période gallo-romaine.

Ce voyage avait été comme un beau rêve que la jeune muse berrichonne réalisait dans les conditions les plus favorables pour admirer et dépeindre cette région si intéressante sans être distraite par les préoccupations secondaires et toutes matérielles qu'entraînent avec elles la banalité et la promiscuité des hôtels. Elle descendait, en effet, chez une excellente femme, qu'elle se plaît à appeler tante Martial, et qui avait pour elle « des tendresses, des gâteries de mère ». *Elle se trouvait ainsi de plein pied dans un milieu tout à fait cordial, où son talent idéaliste pouvait conserver son expansion, comme s'épanouissait autour d'elle, aux murs de son petit pavillon enguirlandé de glycine, toute une flore luxuriante et variée. Aussi ses lettres forment-elles une succession charmante de tableaux rustiques, esquissés d'après nature, et qui comprennent même une excursion à la Méditerranée,* la grande bleue, *la mer féconde en aspects inoubliables et en immortels souvenirs.*

Un double courant caractérise et vivifie le genre littéraire de Mlle Bégassat : tout d'abord elle sait, à un degré peu commun, s'identifier avec les paysages qu'elle décrit ; elle s'en imprègne ; elle se pénètre de leur sereine beauté comme ces figures de la Divine Comédie *de Dante qui se vêtaient d'une merveilleuse et transparente lumière pour apparaître au génial florentin. Dans sa spontanéité d'élan, elle prête une âme à toutes les choses qui l'environnent et qui prennent vie à sa voix, fussent-elles arbres ou fleurs, de même que sous la baguette d'une fée d'antan, ou plutôt comme sous le charme des traits à la fois nobles et doux d'une nouvelle nymphe de cette verdoyante vallée de la Vaunage. Quant à la nature envisagée dans ses grandes lignes, dans son ensemble, c'est pour elle comme une sorte d'être supérieur et divin dont elle se fait la blanche Vestale :* vous avez une âme de prêtresse, *lui écrivait un jour Mistral, et l'anthologiste des poètes du Berry appliquait à ce remarquable don d'évocation sacrée un terme plus flatteur encore. C'est devant la nature aussi qu'elle aime à relire les poètes qui l'ont célébrée : ce livre qu'elle emporte pour aller rêver au fond du jardin, ce n'est pas le roman faisandé du jour, éclosion de scandale et de décadence, c'est son Virgile, le chantre attendri d'Ausonie, le peintre attachant et fidèle des plaisirs et des travaux agrestes.*

La seconde note dominante des productions de Mlle Bégassat se traduit en un humanisme souriant et réconfortant pour les humbles et par une confiance en des lendemains de plus en plus équitables à l'égard des pauvres et des déshérités. Cette tendance élevée s'est davantage manifestée dans ses deux recueils poétiques, spécialement dans ses Hymnes de Bonté, *puisque les* Lettres de la Vaunage, *gracieux panoramas de scènes descriptives, auraient perdu de leur attrait à devenir le prétexte de théories sociales, mais l'amour des souffrants et des malheureux y respire cependant encore assez largement pour ne pas permettre de confondre notre aède avec ces amantes égoïstes et purement contemplatives de la nature qui s'isolent à dessein des masses pour s'éviter de compatir à leur douloureuse odyssée à travers les âges. L'écrivain digne de ce nom, c'est, comme elle le dit, l'ouvrier de la perfectibilité, le travailleur du progrès, l'éducateur des classes laborieuses, encore imparfaitement affinées, mais appelées à une accession de plus en plus libérale à la lumière et à une part des jouissances supérieures de l'esprit. C'est sous ce rapport sans doute que l'éminent poète nimois Alexandre Ducros disait encore récemment d'elle qu'elle avait* une intelligence d'avenir, *et cette appréciation bien justifiée mérite de compléter celles de Mistral et d'Alphonse Ponroy.*

Lisez maintenant sans plus tarder cet hommage ému au Midi rayonnant, ces Lettres *toutes palpitantes de couleur locale, de vie, d'illusions peut-être par endroits, toutes baignées de clair soleil, et laissez-vous délicieusement guider, dans les pages qui vont suivre, parmi les oliviers* « d'émeraude argentée » *ou les grappes rutilantes des vignes généreuses du Gard. Quant au confrère attentif qui, depuis quelques années, suit de près, avec un constant intérêt, la marche harmonieuse de la vocation littéraire de l'auteur, ses vœux les plus vifs seraient de voir cette nouvelle œuvre obtenir un franc et sympathique succès, malgré la dénaturation croissante de notre génie national par un feuilletonnisme à émotions brutales et par un simulacre de littérature où le métier tend de plus en plus à remplacer l'inspiration.*

René d'Asti.

Les Lettres de la Vaunage

(Souvenirs du Languedoc)

I

POUR MA MÈRE.

De Berry en Languedoc

Le train allait partir.

— En voiture ! en voiture ! crièrent les employés, faisant claquer les portières des vagons.

Je me précipitai.

Derniers embrassements sur le marche-pied, signes d'adieu, mouchoirs de part et d'autre agités...

— Bon voyage ! Fais bien attention... Ne manque pas d'écrire, au moins...

— Oui, oui...

Puis tout se perdit au milieu du bruit, dans l'éloignement, et bientôt, devant la gare, je ne vis plus qu'un nuage de poussière soulevé par les roues du convoi.

*
* *

Depuis longtemps étaient restées derrière nous les grasses prairies, les petits bois ombreux, les endroits charmants, les coteaux plantés de vignes, de notre vieux Berry ; depuis longtemps aussi nous avions franchi les riants vallons du Bourbonnais et contourné les montagnes du Puy-de-Dôme... C'était la nuit, et la lune, pareille à un majestueux encensoir, nous semblait balancée par une main invisible, au-dessus des monts gigantesques de l'Ardèche et de la Lozère...

C'était la nuit, et pourtant, au milieu du divin recueillement des choses, une nappe de lumière bleutée diaprait les hauteurs prodigieuses recouvertes du parasol des pins.

Un moment je songeai aux êtres chers laissés à la petite maison, là-bas, loin ; aux champs paisibles où, dans le calme du soir, les vaches et les moutons paissaient ; aux arbres tordus des vieux chemins tout crevassés d'ornières. Je songeai aux fermes entourées de grosses meules de froment et d'avoine, aux chèvres agiles grimpant dans nos haies, aux jappements des chiens dans les alentours, à la métairie, montrant ses murs gris vers la rivière, au milieu des prés où de fraîches marguerites inclinaient, avec une sorte de mélancolie, leur collerette blanche et fine.

Il m'aime, un peu, beaucoup, passionnément, pas du tout !..

Je souriais en évoquant ceci, car me revenaient à l'esprit les promenades du dimanche par les routes bordées de halliers, et dans lesquelles je ne manquais pas de rencontrer toujours des couples enlacés, gars robustes et fortes filles qui, descendant vers la prairie, s'en allaient au bord de notre Cher tranquille, à l'ombre des grands saules, consulter leur oracle, la douce et souriante marguerite, qui, dans la haute herbe verte, inclinait sa petite collerette blanche...

*
* *

Et les stations derrière nous filaient. Tout s'enfuyait, les montagnes, les forêts, les villages aux silhouettes impalpables se dessinant vaguement, au clair de lune, sous les ombrages frais des vallées; les minces rivières promenant aux creux des roches leurs jolis tourbillons d'écume; les blocs granitiques recouverts de mousse, les horizons inconnus, faits de choses très grandes et sacrées.

Un moment, le convoi ralentit sa marche. Des hauts-fourneaux se dessinèrent subitement dans la nuit que rougeoyait la fumée de cheminées gigantesques. Par les larges baies ouvertes, on voyait, à la lueur éclatante des feux de forge, passer des torses nus, des têtes noires, échevelées...

Et je sentis vivre là-dedans un bagne cyclopéen, tout un entassement de misères humaines.

*
* *

Maintenant l'aube semble vouloir blanchir le ciel; des voiles insaisissables flottent dans l'atmosphère; l'horizon a l'air de s'élargir. Puis, voilà que les montagnes apparaissent splendides, couronnées de leur auréole virginale, tandis qu'à l'orient, de l'autre côté de la voie, une lueur céleste, pétrie de toutes les blancheurs des lys et de tous les roses sourires des églantines sauvages, monte, en noyant dans le même bain de divine beauté, la nature en extase et le cœur d'un poète !

C'est l'aurore !

Comme elles sont loin, déjà, les calmes campagnes berrichonnes ! et comme à la vue des campanules penchées sur les cascades, je songe aux mignonnes fleurettes blanches enfouies dans l'herbe de nos prés !

Oh ! mais le soleil monte vite, très vite, comme s'il avait hâte de regarder, lui aussi, les éternelles et imposantes splendeurs de la montagne.

Nous roulons toujours.

C'est Alais, maintenant, avec ses mûriers, ses belles étendues de chênes-verts ; les oliviers, déjà, balançant au vent frais du matin leur joli feuillage, tendrement nuancé.

Oh ! les oliviers, comme je les aime ! les chers et doux oliviers de cette terre ensoleillée et pleine de parfums ! comme elles me plaisent, lorsqu'elles se remuent toutes ensemble, dans un bain vaporeux de lumière éblouissante, les petites feuilles joliettes qui me semblent alors les doigts d'argent des fées miraculeuses ! Jusqu'à Nîmes le train ne va plus s'arrêter. Aussi est-ce partout un remue-ménage général ; on range dans les sacs de voyage les mille riens dont, avec négligence, on encombre ordinairement les banquettes ; les courroies se serrent autour des couvertures ; les légères valises et toute une série de menus objets sont, un à un, descendus des filets ; les pardessus et les chapeaux s'endossent ; les chapeaux s'appliquent sur les têtes... Chacun procède à un examen aussi minutieux que possible de sa toilette.

Quoique entourée de cette agitation, je regarde toujours les fronts éclatants des montagnes, garnis de leurs parasols verts, que la brise agite mollement, avec un sourire malicieux, sous le ciel bleu, très pur. Je bois des yeux la rosée qui scintille sur les lèvres nacrées des grands lys inclinés au rebord des fontaines. Mon âme vogue au milieu de la transparence diaphane et lumineuse habitée par les sylphes... Et grisée par l'odeur de la menthe et du thym m'arrivant sur l'aile des gais oiseaux qui chantent à la portière, des horizons nimbés d'or passent devant mon regard, la Poésie... le Rêve...

Des coups de sifflets. Ralentissement. Arrêt.

Nous voilà sur le viaduc. C'est Nîmes, en effet. Je distingue la *Fontaine* et la fameuse *Tour Magne*, puis les *Arènes*, masse imposante, formidable, énorme d'aspect et de souvenirs.

— Nîmes ! quinze minutes d'arrêt ! Buffet ! Voyageurs pour Marseille, Beaucaire, Aigues-Vives, Lunel, le Vigan, changent de voitures !

Lentement j'arpente le quai, regardant avec un certain étonnement cette foule bariolée, ce mélange bizarre, mais plein de charmes, de costumes provençaux et de toilettes parisiennes, de même que mes oreilles, habituées au pur accent berriaud, se trouvent étonnées de ce « parler » moitié français, moitié patois languedocien.

Le soleil, en traversant les vitres du vaste hall, inonde les quais. En bas, la foule grouillante s'agite comme les personnages d'un kaléidoscope gigantesque, pendant qu'omnibus et tramways défilent le long de l'avenue de la gare bordée de sa quadruple rangée d'arbres, dont les dômes frissonnent au-dessus des deux vastes et magnifiques allées qui mènent à l'*Esplanade.*

Huit heures Devant moi, sur les rails, une lourde locomotive glisse avec un bruit d'enfer.

— En voiture pour Saint-Césaire, le Vigan !

Dans le premier compartiment, au hasard, je grimpe, et de nouveau me voilà en pleine campagne à regarder passer. comme dans une vraie féerie, les oliviers déjà gris de poussière, et les vignobles aux grappes rouges, vermeilles, la richesse et la joie du Midi !

Oh ! les routes poudreuses, les clairs ruisseaux, les petites montagnes et leurs moulins à vent ! Oh ! les troupeaux laineux rentrant chaque soir ! Oh ! les farandoles ! Oh ! les chants d'Aubanel et les jolies coiffes d'Arles ! Oh ! les cigales étourdissantes ! Si vous saviez combien souvent j'ai rêvé de vous tous !

Enfin nous arrivons. Je reconnais la grande fontaine, et le pan de mur écroulé. Il est toujours pareil, ce coquin de petit mur ! deux ou trois pierres de tombées encore, peut-être, ce dont ne se plaindront pas les rosiers à têtes rouges et blanches, qui se haussent sur leurs petits pieds, pour montrer, dans l'échancrure tapissée par la mousse, leurs riantes et douces figurettes qui font la joie des poètes à cheveux blonds égarés au pays du soleil !

II

Au poète Stéphen Liégeard.

Concert divin

Ma bergerie est vraiment ravissante, et je suis logée comme une reine !

Reine ! ne le suis-je pas ? et quand, chaque matin, je pousse la porte vermoulue de mon rustique pavillon, n'est-ce pas une escorte d'honneur, une véritable cour de seigneurs, de mignonnes princesses, de gentils pages et de charmants troubadours que j'aperçois devant ma fenêtre, ouverte au mistral comme au soleil, et près de laquelle est installée une table surchargée de livres ?

Et comme tout ce monde là me regarde et sourit du sourire de mes yeux ! Mais voilà : il faudrait leur parler toujours, à tous, ou bien, si je ne leur parle pas, il faudrait qu'une expression d'insouciance et de joie fût peinte sur mon visage.

— Voyons, pourquoi rêvasser ainsi, ton beau front blanc dans ta main ? me disent les amoureuses roses rouges qui, dégringolant de leur demeure grimpante, s'en viennent sans façon s'accouder à ma large croisée.

— Oui, pourquoi ne regarder que ces paperasses poussiéreuses ? appuie, de ses grands yeux langoureux, le pâle lys de la vallée verdoyante des Cévennes, qui, m'ayant suivie depuis là-bas, ne veut plus maintenant s'en retourner.

— C'est ce que je lui disais, soupire la douce campanule, tandis que, regardant le lys à la belle urne d'or, penché mollement vers moi par la brise du matin, les thyms, dont la chanson parfume et grise, répétaient :

— C'est ce que nous lui disions...

Jusqu'aux feuilles des sorbiers et des houx qui se lamentaient faiblement au dehors, secouant de désespoir leur poétique tête verte. Et le soleil a beau faire, la caresse de ses rayons ne peut sécher leurs larmes.

— Des larmes, oui, je vous assure ! des larmes, de vraies larmes ! Je viens d'en sentir une... plusieurs, sur mon front, ce front soucieux qu'en vain j'avais essayé de dérober au regard de leur âme.

Oui, ils ont pleuré. N'est-ce pas chose navrante ?..

— Eh bien ! c'est cela, enfants de la terre sacrée, soyons heureux ; que la joie trouve en nous son écho.

Chantons les hymnes lumineux des lyres éternelles. Ensemble, faisons une farandole qui nous transportera vers le bleu royaume des palombes.

— Viens, belle rose blanche avec toutes tes jeunes sœurs ; accourez toutes, mignonnes habillées d'arc-en-ciel ; venez, les houx, les thyms, les pins aux aiguilles fines et tremblotantes ! En route pour la fête des Muses, pâles oliviers et treilles susurrantes !

Les cigales, la source sonore, les rossignols et les zéphirs nous offrent un concert. Arrivez, arrivez vite ! car je ne sais si nous aurons des places. Je vois s'avancer, là-bas, les chèvres blanches qui, du haut du rocher où elles broutaient au travers du fourré d'yeuses et d'aubépins, ont entendu l'appel des nymphes blondes ; je perçois le petit cri des lapins qui, au grand trot de leurs agiles pieds, sont arrivés du domaine de Mourassipp (prononcez Mourr'ssipp). Et les fleurs du jardin de tante Martial qui accourent ! Et les grosses grenades aux lèvres saignantes ! et les azeroliers, et les figuiers aux fruits tentateurs qui nous suivent ! Allons ! zou ! vite ! vite ! mes amis, mes nobles princesses, mes petits pages, mes grands seigneurs, mes jolis troubadours !

Dépêchons-nous, si nous voulons assister à la fête que nous offrent les enfants d'Isis et les chantres divins. Montez. Le temps de prendre mon Virgile pour accompagner ce jeune pâtre aux yeux bleus que je vois jouer de la flûte au milieu de son laineux troupeau, et je vous suis.

— Grande sœur aimée de la sainte Madone, soupire à mon oreille un genêt d'or que je n'avais point vu, caché qu'il était dans une touffe d'herbes hautes ; grande sœur, je crois que toutes les grappes joyeuses et pourprées de la Vaunage s'agitent ; laisse donc là ton vieux Virgile, et pars... N'entends-tu pas l'orchestre bucolique entamer le prélude ?

Je retournai la tête, et vis, en bas, dans un épanouissement de rayons d'or, se trémousser de singulière façon les feuilles dentelées et les grappes mûres, éclatantes et gonflées.

Eh ! *péchaïre !* tout le vignoble est donc de la fête ! Nous allons bien rire, car plus d'un de mes frères va s'en retournergris.

C'était un vieux pinson qui, monté sur la girouette grinçante du pavillon, lançait, en notes sonores, cette nouvelle aux fauvettes.

Un grand chapeau bergère à larges bords, où flottait un long ruban bleu de ciel, appliqué sur ma tête, mon Virgile sous le bras — car je n'avais pas écouté les conseils du genêt perdu dans l'herbe haute — et je gravis le sentier fleuri de laurier-roses, de thyms et de lavandes où chantaient les cigales.

Les papillons aux ailes étincelantes rayées d'azur se posaient dans mes cheveux que la brise des gais matins secouait. Ils me disaient des choses, les uns après les autres, tous ensemble parfois, oh ! mais choses d'une suavité si poétique que j'en croyais rêver. Ils me parlaient de la vie simple des fleurs et des bergers, de la candeur naïve des pastourelles, de la sainte foi des ramiers, de la douce croyance des pins, de l'espérance en la vie éternelle, commune à tous les êtres forts de la montagne.

Ils me disaient, dans ce langage tendre et béni des dieux, les épopées naissantes des forêts d'orangers et de lauriers roses, les émois des hyacinthes veloutées, le chuchotis des sources amoureuses, le roucoulement des rossignols au bord des longues sentes ourlées de thym sauvage et d'odorantes violettes, les hymnes de paix chantés par les chênes-verts et les oliviers d'émeraude argentée, les accueillantes aubades à la tribu des poètes, ces rêveurs tendrement aimés de la douce Muse.

Ils voletaient, voletaient, joyeux, en babillant ; et

moi je regardais leurs belles ailes d'or aux rayons d'azur, et j'écoutais, ravie, leur langage délicieux.

De temps à autre, les roses descendues de mon toit, le grand lys qui ne manqua jamais une fois de s'endormir contre le rustique chambranle de ma porte, les jujubiers et les rouges grenades retournaient leur jolie tête enrubanée pour voir si je montais.

— Oui, je vous suis, enfants nés de la terre féconde, créatures chéries des sylphes et des nymphes, je vous suis.

Et tout en écoutant quand même la parole captivante de mes bleus papillons, je marchai plus vite par le joli sentier mystérieux où fuyaient, en riant d'un petit rire malicieux, les sylvains et les faunesses aux cheveux de rêve, pendant que là haut, en plein milieu d'un rassemblement d'arbres verts et de fleurs, le jeune pasteur jouait du fifre devant son troupeau recueilli.

Jamais je ne vis rien de plus beau. Tenez, figurez-vous un rocher très élevé, d'un côté tout nu et escarpé, avec, descendant en sautillant de pierre en pierre, d'étage en étage, une joyeuse petite fontaine, et recélant, de l'autre, un parc rustique fait de toutes les simplicités, mais aussi de toutes les harmoniques grandeurs.

C'est sous cet enchevêtrement de bruyères, de cognassiers et de buissons fleuris que perce le toit de mon gai pavillon.

Mais en haut, tout à fait en haut de ce rocher, voyez un minuscule plateau verdoyant avec ses grands parapluies aux aiguilles chantantes, ses quelques pommiers rabougris, ses érables, ses genêts, ses arbousiers, ses thyms, ses romarins et ses moutons broutant l'herbe verte qui s'offre ; puis les chevrettes blanches et bondissantes qui bêlent de joie en attrappant, tandis qu'elles sont juchées sur leurs pattes agiles et grêles, les feuilles tremblantes des haies... puis les petits lapins qui cherchent dans un renfoncement de roche, les herbettes fines, odorantes, exquises... La source toujours sautille, sautille, avec un bruit de perles égrenées. Au dessus, le ciel étale sa robe d'un bleu très pur, frangée sur les bords de neigeuses guirlandes, et le soleil qui, sur cet autel immense, projette l'encens de ses rayons, met dans la chevelure noire et flottante du jeune pâtre des reflets flamboyants et divins.

Cet enfant me paraît beau comme un dieu antique. Je devine en lui la forte race des pasteurs. Sa façon de porter l'humble manteau — presque en haillons – est d'un roi, et dans son regard passent, de temps à autre, de ces éclairs dont Virgile pétrit l'âme de ses bergers romains.

Dans le bas, la Vaunage s'offrait aux yeux, splendide, sous la lumière de l'astre qui montait. Les oiseaux chantaient une ballade provençale ; des odes s'envolaient. Les fleurs embaumaient en murmurant, presque extasiées, leur hymne d'aube vermeille, pendant que les grappes juteuses se gonflaient — telles les mamelles d'Isis — sous l'influence des chauds effluves dégagés de cette matinée suprêmement adorable et féconde.

C'était la cantate promise, le concert éternel et divin annoncé par le grave sourire et la parole vibrante du lys à la belle urne d'or, le bien-aimé des roses voluptueuses qui soleillaient mon toit.

Devant ce religieux tableau, cet autel si simple, mais très grand, fait de choses sacrées, je m'arrêtai, recueillie... Les papillons se posèrent sur les tranquilles feuilles des romarins et des tamaris. Au milieu d'un rayon de lumière, les feuilles des sorbiers me parurent se signer, pendant que les aiguilles des pins, gravement, s'inclinaient, et que les myrtes blancs priaient, agenouillés.

Très émue, j'ouvris mon livre, et l'âme pleine de souvenirs évoqués et d'épopées sublimes, j'écoutai le chant du pâtre monter, très pur, vers le ciel.

III

Au poète Frédéric Mistral.

La confidence

De bonne heure je sortis ce matin, et voilà ce qu'au milieu du jardin de tante Martial me contèrent les orangers et les cigales.

— Nous sommes les gais enfants de la terre chaude, ceux qu'un souffle d'ardent soleil a fait naître, et pour toi, fleur pâlie aux ardeurs des violents aquilons, nous allons dire des choses merveilleuses.

Je m'étais assise sur un banc de pierre, dans le fond d'un bosquet de pins et de buis symétriquement taillés.

Je posai près de moi le volume que j'étais en train de parcourir, et faisant signe aux rossignols babillards de se taire et aux roses d'écouter, j'attendis.

— Voilà. Depuis des siècles et des siècles, depuis les troubadours antiques, dont le souvenir se perd dans le lointain des temps, nous étions relégués dans un pan de l'oubli. Une morne tristesse, une sorte d'abattement, régnait sur la terre sacrée de la Provence. La brise, en passant, avait de vagues soupirs ; le bruit des flots nous arrivait, navré, tel de gros sanglots étouffés. Les oliviers pleuraient de longues larmes blanches.

Plus de sylphes chanteurs dans les airs, plus de nymphes jolies et babillardes, plus de sirènes sur le bord de nos mers azurées. Les moulins à vent secouaient de désespoir leurs ailes, et les moutons paissaient, mornes, guidés par le pâtre qui ne disait plus sa chanson au soleil.

Autour du mas, les treilles, de lassitude, courbaient leur doux front vers la terre, et les grenades tombaient, pâles et tristes comme toi.

Un soupir, puis de nouveau :

— Pense donc, noble sœur aimée de la divine Muse, que depuis des siècles et des siècles s'était tue la voix puissante et poétique des grands noms de l'Hellade ! Ne te souviens-tu pas de leurs chants faits d'aurore, de leurs yeux étincelants, de leurs fronts, larges et blancs, contenant tout un monde ? Que de héros ils évoquèrent, ceux-là ! Vibrante, la Nature tressaillait sous leurs hymnes, et le ciel, illuminé de leurs regards de rêve, descendait sur nos mains à l'accent de leurs lyres.

Comme ils nous célébraient, et comme chantaient les luths ensoleillés des frais rivages bénis !

Nous voyions passer, dans le tournoiement d'or de leurs cadences, les herbes flottantes, les fleurs au calice fermé, le visage charmeur des naïades blondes, les troupeaux toisonneux des antiques bergers. Dans l'air palpitait le souffle des dieux.

C'est que nous étions vraiment divins. Le laboureur flanqué de ses bœufs roux, les moissons d'avoine et de froment, le vendangeur au torse puissant, aux bras nus, au front énergique, aux yeux lumineux ; la gracieuse jeune fille au visage virginal, frais et rose, enguirlandé de fleurs, tout cela palpitait d'un frisson grandiose et sacré. L'Eternel vivait en eux. C'était lui qui parlait dans leurs chants et dans leur labeur saint. La volupté chantait en l'être. Tout frissonnait de l'indescriptible émoi des colombes et du froissement céleste des zéphirs.

Nous allions, le front dans la lumière et l'âme charmée par les sons de la lyre qu'apportait de l'Epire ou des campagnes romaines l'écume bleutée des flots...

Puis le grand Homère, le délicieux Tibulle étant morts, nous entrâmes dans une nuit très sombre.

Ce fut une invasion de guerriers, nomades sinistres, à l'aspect farouche, aux cheveux en broussailles ; un envahissement de dominateurs, qui, tuant la poésie ardente, montèrent, comme preuve de leur brutale force, des monuments superbes, des temples aux cultes grossiers, des arènes colossales. Tout notre beau Midi fut, à l'instar de Rome, défiguré de fêtes et d'orgies...

Nous voilâmes nos faces de chagrin et de honte, cachant au plus profond de nous les nobles pensées, les divines paroles des enfants de la Grèce.

Les brises interrompirent leurs charmants murmures, et nous sommes sûrs que de ce temps pas un berger n'apparut au milieu des garrigues. On eut en vain cherché les brunes jeunes filles aux yeux de feu sous les oliviers où pendaient les fruits mûrs.

D'un pâle et froid suaire alors nous nous drapâmes, et nous nous endormîmes.

. . . .

Mais voilà qu'un matin le bruit légèrement berceur des vagues nous éveilla. Des zéphirs voletaient. Leurs ailes, fleuries de turquoises et de feu, chantaient un cantique de printemps. Le ciel était bleu comme jadis, et l'air embaumait tel que les iris et les thyms des vallons. Dans d'immenses palais diamantés des lyres préludaient. Les Muses, sous leurs écharpes tissées de soleil, venaient à nous, souriantes, pendant que les exquises nymphes fuyaient vers leurs demeures sacrées.

La douce tribu des poètes était revenue chanter sur notre terre.

Des troubadours passaient, œil noir, visage riant, cheveux épars. Devant leurs pas s'ouvrirent toujours les portes grises des antiques castelets...

Oh ! comme alors fut aimée et chantée la Provence ! comme retentirent les hymnes au soleil ! La langue sonore et harmonieusement belle de cette contrée de rêve devait, avec leurs chants, survivre dans les siècles des siècles.

C'est qu'elle est pure, poétique. Elle est adorable et immortelle comme la poésie elle-même, pleine de fraîcheur et de sublimité. Ne l'oublie pas. »

Les cigales s'agitèrent sous mon banc, et les orangers aux grappes virginales vinrent prendre un baiser sur mon front. Un peu de vent tourna les feuillets de mon livre.

Je toussai légèrement afin de montrer à mes intéressants amis que j'attendais la fin de ces choses merveilleuses.

— Nous nous taisons, c'est vrai, et tu voudrais savoir. . Oh ! mais vois-tu, tant de tristes et douloureux souvenirs nous reviennent à l'esprit ! Nous en pleurons encore, parfois...

Deux gros soupirs, un silence, puis ensemble les voix fluettes et douces reprirent :

— Hélas ! notre pur bonheur dura peu, car bientôt, pour des causes qui nous sont tout à fait inconnues, les gentils manoirs se fermèrent.

Alors, des fenêtres et des balcons de pierre disparurent les gracieuses damoiselles, pendant que les trouvères s'en allaient par les chemins, au hasard des destins et des vents.

Oh ! sœur ! comme de nos lèvres diamantées nous bûmes souvent l'amertume des jours sombres ! comme souvent aussi nous vîmes, par dessus la muraille garnie de lierre et de roses sauvages, les toits flamber dans la Vaunage !

Douce amie de la Muse, tu ne fus point, toi, témoin de ces horreurs ; tant mieux ; que toujours tes yeux et ton âme soient clos à ces visions terribles.

Il y eut encore une pose, puis les voix mystiques et soupirantes reprirent :

— Après des années et des années, ceci prit fin. Les farandoles recommencèrent, et de partout naquirent de nouveaux hymnes clairs, des poésies chantantes.

Des théâtres s'ouvrirent, ou plutôt se montèrent en plein vent, grands et imposants comme les scènes antiques. Orange, Arles, Avignon, Nîmes, tressaillirent sous la parole chaude, l'enthousiasme vibrant, le geste large de Roumanille, de Mistral, d'Aubanel et de tant d'autres! Les petites montagnes drapées de grenadiers et de thyms virent les fêtes joyeuses des félibres, et nous, les orangers et les cigales, reçûmes à nouveau la suave caresse des zéphirs. »

Je me retournai car j'avais cru entendre une sorte de frôlement dans les arbres, un bruit insaisissable, comme un gai chuchotis ou un baiser donné. Rien pourtant; je ne vis rien, nulle ombre : les voix s'étaient tues; un petit vent passait, agitant mes cheveux et courbant les rosiers aux têtes fières, humides encore de la rosée de l'aube. Je ris toute seule de ma déconvenue en pensant que ce frémissement devait être l'adieu de l'esprit flottant des orangers et des cigales, ou bien l'éveil voluptueux des nymphes drapées d'un manteau de soleil!

Mon vieux livre, cher compagnon de ma solitude, avait glissé et gisait à mes pieds. Un rayon blond le caressait doucement, pendant que des quantités de petites fleurettes bleues comme les yeux des sylphes et roses comme leurs doigts, chuchotaient près de lui quelque chose.

— Ramasse-le vite, vite, dit à mon oreille une mésange toute petite et joliette — oh! combien! — oui, ramasse-le, car tu le sais, le poète conteur de choses attendrissantes qui écrivit ce livre aimait beaucoup, avec passion, à la folie, toutes les fleurs vermeilles de la Provence, et toutes l'aimaient, tu sais, toutes!.. Or, si parfois de la belle âme gardée par ce livre entre ses jaunes feuillets, les petites fleurettes roses et blanches du jardin gentillet de tante Martial allaient s'éprendre!.. »

Très étonnée, je regardai la jolie mésange à la voix fluette, pendant que les fleurs de l'allée, de plus en plus se penchaient vers le précieux volume, dont les feuillets, sous les doigts impalpables de la brise, se soulevaient au milieu d'un nuage de petites poussières d'or.

Je me penchai.

— Ramasse vite... vite... dit tout bas, de nouveau, la mésange.

J'obéis.

Mais au bruit que fit derrière moi un rideau de feuilles en s'écartant, l'oiseau effarouché s'enfuit.

— A quoi penses-tu, Noëlla ?.. depuis plus d'un quart d'heure le déjeuner attend ! Elles seront bonnes maintenant, les petites *barquettes* chaudes !

— Le déjeuner !.. c'est vrai, je l'avais oublié.

Je me levai précipitamment, et, toute confuse, car je voyais la jolie mésange sourire malicieusement au travers des coquettes azeroles, je ramassai le livre et je suivis tante vers la maison aux fenêtres drapées de glycines, desquelles tombaient des grappes d'un violet clair... très clair.

Dans le lointain les cigales chantaient encore, et vers le fond du jardin qu'étoilaient de grands lys transplantés, les orangers, de leurs jolis yeux pleins de virginité, me regardaient partir en murmurant les paroles scandées jadis sur des lyres éoliennes par les poètes antiques.

Comme nous poussions la porte, un zéphir, légèrement, fit trembler les cœurs simples des fleurs, des buis taillés, des azeroliers, des figuiers et des pins.

— C'est la célébration du divin office, chanta gravement la sautillante mésange.

— C'est un angelus d'aube, me dirent les grands lys au front blanc.

— C'est un hymen de fleurs, murmurèrent, extasiées, les amoureuse brises.

— C'est ton sacre, ô jeune et douloureux poète ! me dit, en passant, un rayon de soleil.

IV

À mon Père.

Sous le Soleil

Les vendangeurs sont partis ce matin vers les grandes étendues de vignes.

Ils s'en vont, hommes et femmes, jeunes gars à l'œil vif et rieur, et leur teint basané semble reluire comme une brique que le soleil rougeoie.

A leur passage, le long du vieux chemin, les grenadiers offrent, par endroits, leurs fruits, d'un incarnat qui tente.

... Ils s'en vont. Loin, devant eux, s'étendent les horizons dentelés par les pics ouvragés de la montagne grise. Et je me représente la multitude des êtres allant vers leurs destins...

Le ciel se couronne d'étincelles ; son azur enveloppe la terre d'une harmonie céleste.

Tout ce qui vit, soudain vibre et palpite. Des tressaillements agitent le roc inerte, et les flancs verts des plaines apparaissent tout à coup étranges et merveilleux dans leur fécondité.

Les papillons chuchotent, et les moustiques, déjà, commencent à voleter. Aussi les vendangeurs ont-ils mis sur leurs visages des voiles rouges et verts que la lumière transperce, mais où les insectes se heurtent.

Et tous ces êtres continuent à marcher, le geste libre et l'âme sereine, leur large front bruni noyé par les grands cieux ouverts.

V

A VINCENT SOULAT.

Silhouettes dans l'ombre

Depuis une heure au moins les coqs m'ont éveillée ; puis me sont venus des bruits vagues, des voix rudes et sonores, des roulements de charrettes, des hennissements de chevaux dans les cours... toute la rumeur d'une ruche qui s'apprête au travail.

Mais la grande chambre est calme et le jour ne se glisse qu'avec peine entre les interstices des jalousies baissées. Aussi je trouve délicieuse cette solitude et religieusement beau ce recueillement des choses qui m'entourent.

Les yeux ouverts, pensive, et l'âme très loin, j'évoque des souvenirs chers... Et les portraits, là-haut, prennent de fantastiques formes.

VI

A MADAME DELPHINE PAJOT.

Regard vers l'Infini

J'écrivais. Par mes deux larges fenêtres ouvertes, l'air entrait, saturé de parfums. La brise, telle une haleine chaude passant sur de fraîches lèvres, m'enveloppait en baisant mes cheveux qui, rebelles, s'échappaient de leur filet de pourpre.

Des enfants, dans la rue étroite et caillouteuse, couraient en jouant, pleins d'une belle insouciance, et laissaient tomber, comme un chant cristallin, leur rire de jeunesse et de joie.

Ecumants, sous le portail du *mas*, en face, tout près, deux gros chevaux blancs piaffaient, pris d'impatience.

Et partout devant moi, aussi loin que mes yeux pouvaient voir, la terre m'apparaissait drapée des longs feux du soleil, pleine de charme et de magnificence, dans son mol et chaste alanguissement d'épouse que le myrte couronne.

Oui, j'écrivais. Soudain, je ne sais par quelle dérivation d'idées, pour, peut-être, puiser dans la demeure des étoiles un flot de poésie plus pure, je regardai le ciel.

Nulle tache sur son azur divin. Poli comme un miroir taillé dans le saphir, sa coupole arrondie miroitait sous la lueur phosphorescente de l'astre qui, depuis quelques heures déjà, s'était baigné, vers l'orient, dans les eaux de la mer au corps glauque entourée de sa ceinture d'algues.

Je vis au loin passer de vagues silhouettes, des faces de cuivre tragiquement découpées sur l'infini du ciel ; et voilà que ma plume, inerte, roula de mes mains.

Mon front, couvert soudainement d'une grande pâleur, ruissela de la lumière énorme, surhumaine, qui, d'amour, étreignait l'univers.

VII

A Madame Challier-Ducros.

Le Savant

J'aime, j'adore le Midi, pays de rêve exquis et de vie chantante, aux longs jours enluminés et merveilleux.

Les jolis arbres aux floraisons rutilantes me passionnent, et la grande nappe de ciel bleu qui sourit au-dessus de ma tête me met à l'âme quelque chose de gracieusement frais comme les immortelles poésies bucoliques.

Aussi, quels souvenirs ineffaçables cette adorable contrée va-t-elle laisser en moi, et comme j'aimerai revivre, plus tard, quand je serai partie loin, fort loin du *mistral* et de *Mourassipp*, les moindres détails de ma riante vie d'aujourd'hui.

Ce sera d'abord le profil grave des montagnes entourant la Vaunage qui se fixera dans mon esprit; puis m'apparaîtront, dans le centre de la circonférence formée par cette ceinture de rocs aux sommets ondoyants, la campagne florissante, débordante de vie et de gaîté, un épanouissement de fleurs, de feuilles, de fruits, de grappes humaines échelonnées de loin en loin dans les grandes étendues de vignes... Tout cela parsemé de petits pavillons, de villages aux admirables fontaines, avec, dominant tout, ce goût particulier de cuisine à l'huile ou à l'ail, s'échappant par bouffées des portes entr'ouvertes

Puis me reviendront en foule les mille détails de ma vie champêtre, mes sorties matinales par la porte basse du jardin, et mes innocentes escapades en compagnie des lapins gris et blancs, des chevrettes bêlantes, des papillons, des oiseaux et des fleurs, dans les sentiers de ma pittoresque montagne aux moulins ! Quelle joie éprouverai-je à relire ces pages de poésie enthousiaste écrites à la gloire des lauriers-roses et des cigales mutines par une de ces soirées mystiques qui font songer au calme dolent des brèves nuits orientales !

Et sur tout cela je verrai glisser, comme dans un joli conte arabe, la gracieuse silhouette de tante, en même temps que les souvenirs me viendront en foule, se rattachant tous aux bontés de la charmante femme — tendresses et gâteries de mère !

Toutes ces choses me sembleront douces, là-bas, quand le soir, sous les grappes violettes du berceau, les cheveux pleins de feuilles détachées par les premiers souffles de l'automne, je me laisserai aller, oublieuse de moi-même, à ce demi-sommeil, à cette somnolence pleine de délices, que feront naître ces instants chers évoqués.

Dieu ! comme souvent passera devant moi — tel un des êtres surhumains d'une *Illiade* de rêve — la haute stature, le geste noble, le regard scrutateur, du grand et doux poète, enfant adulé de la ville antonine ! (1).

Je crois que je n'oublierai jamais ses grands cheveux d'artiste que, par un mouvement familier, il relève de ses doigts longs et fins, pas plus que ne me quittera l'accent de sa voix, mélodieuse, chantante et grave en même temps, pleine d'une foi vaillante et forte comme celle des patriarches saints.

— C'est la gloire de Nîmes ! » me dit un jour de lui un érudit vieillard qui, par un après-midi chaud et orageux guidait nos pas au travers du musée de la *Maison Carrée ;* « la gloire de son pays, oui, Mademoiselle, .. il l'est bien, en vérité. »

Et comme il était charmé de l'intérêt que me portait le vénéré poète, et qu'il me le disait avec encore en lui une nuance d'admiration, je crois que je devins un peu confuse...

Je suis sûre que nous causâmes deux heures. Madame X.,. et tante voulurent voir en détail les grès, les faïences, les monnaies antiques. Moi j'écoutais surtout le malheureux savant, dont la vie emplie de deuils, de recherches, d'abnégation, de sacrifices, allait, comme tant d'autres existences douloureusement stoïques, s'éteindre dans l'obscurité.

---

(1) Alexandre Ducros, le délicat et spirituel improvisateur qui nous donna *Les Etrivières, Les Fleurs d'Asphalte, Les Caresses d'antan*, etc. Retiré, à l'époque où sont écrites ces lignes, dans sa thébaïde de Nîmes, dont il est l'archiviste municipal. Président de l'Académie de Nîmes.

***

Je penserai longtemps, très longtemps, au digne savant de la *Maison Carrée*, à son enthousiasme pour le beau talent du barde languedocien, à son amour pour toutes les trouvailles arrachées des mystères du sol, à grands frais et avec beaucoup de peine, vestiges des âges disparus, pour lesquels il avait donné sa fortune et les meilleures années de sa vie.

Et quand, dans mes songes du soir, je reverrai la *Tour Magne*, le *Temple de Diane*, les magnifiques *Bains* et l'amphithéâtre romains, quand je reverrai le marbre de Pradier et les piliers de la *Maison Carrée* m'apparaître au milieu d'une farandole de soleil, de poussière, de grappes vermeilles et d'oliviers au feuillage vert, très pâle, il me semblera toujours entendre :

— Alexandre Ducros, Mademoiselle !.. mais c'est la gloire de Nîmes !

Et pourtant – chose étrange ! — sur ces impressions merveilleuses de rêves tombera quelque chose d'amer, d'indéfinissable, de douloureux... peut-être les deux larmes que je vis trembler au bord des cils blancs du vénéré savant.

VIII

A Madame Albert Hébrard.

La confiture

Mon retour en Berry, qui était fixé au mardi suivant, est remis à plus tard. Il est fort probable que je ne rentrerai que dans les premiers jours d'octobre.

C'est vous laisser entendre que vont recommencer nos équipées au sein de l'attrayante Vaunage.

J'avais déménagé, c'est-à-dire transporté mes livres du pavillon de la montagne à la maison de tante, les rapprochant de la malle dont le couvercle soulevé paraissait tout prêt à recouvrir les objets que la bonne préparait pour le départ. Je vais donc, sans tarder, retransporter le tout vers la demeure paisible, aux tourelles de verdure, où palpitent tout le jour des concerts d'harmonie champêtre.

J'annonce cette nouvelle à Virginie; mais — ô malheur! — voilà que la pauvre fille, de joie émue, laisse tomber un pot qu'elle avait à la main... un pot de confiture *d'a-ze-ro-les !!!*

C'est un fracas horrible. Tante accourt; grand'-père s'emporte et trépigne de colère; grand'mère Coralie, exaspérée, menace le plafond de ses bras.

— Si c'était de la figue, seulement! mais des *azeroles!* avec tant de sucre dedans!.. Oh! la maladroite! oh! la bonne à rien!

— *Où aviez vous l'idée?* demanda tante, enlevant vivement, sans même penser qu'elle allait se brûler, le chaudron de dessus un feu ardent.

Vainement j'essayai d'expliquer comment cela s'était produit; que c'était de ma faute; que je pouvais bien laisser seule Virginie faire son travail; personne ne m'écoutait. Et puisque tante s'était emparée du chaudron et des vases à remplir, et que la servante, tout en larmes, était sortie, je pris le parti de laisser chacun se décharger les nerfs... montés à propos d'un pot de confiture perdue!.. et je gagnai la porte du jardin, sans bruit.

IX

A MADAME MAURICE FAURE.

Sérénité d'âme

L'air est chaud ; le soir semble couver l'orage.

De ma croisée grande ouverte sur l'échancrure des monts, je vois se couronner d'éclairs les pins qui, dans l'embrasement du ciel, semblent s'alourdir de molle volupté.

L'ombre vient et les fleurs s'assoupissent. C'est l'heure du rêve qui lentement descend.

C'est l'heure du rêve !... Par les chemins où les mauves satinées s'épandent en parfums suaves, deux ombres passent, mystérieuses, enlacées.

Leur forme indécise, par instants se déteint sur le coin de halliers aux contours fantastiques.

Mais un léger vent souffle de Mourassipp, et la montagne ondoie... Les cheveux de l'aimée, sur ses lèvres à lui, se posent, frissonnants... Sa robe de vierge flotte au travers du sentier, et son long ruban d'or fait songer à la bande merveilleuse qui, vers l'horizon, se découpe sur les pins, en silence.

Puis *ils* disparaissent lentement dans le brouillard

du soir, pareils à ces visions de paysages flamands, qui meurent sans secousses, bercées par un grand amour calme.

*
* *

Un nuage floconneux et léger comme les fleurs dentelées de l'Orient, monte sur l'azur en voile insaisissable.

Les sapins, sur le haut de la petite montagne où, tous les matins à l'aube je vais songer, se parent des longs feux que jettent les éclairs.

Et les troupeaux descendent en longue file, paisibles; majestueusement beaux dans leur blanche robe d'agneline qui se brode sur les ifs des chemins, pendant que les cloches de leur cou font s'envoler dans le soir des accents de prière.

*
* *

Bientôt les bruits s'éteignent, et l'ombre m'apparaît dans sa radieuse beauté.

La mer loin, derrière moi, par delà cette forêt d'oliviers qui, sous la brise berçante, s'inclinent et se recueillent, vient dire son éternel amour à la rive, aux étoiles... Et sa voix gigantesque d'épousée, formidable arrive et me révèle la splendeur du mystère.

... Pendant que l'écho de deux voix vient frapper la maison au clair toit de glycines, et que, se confondant à *l'angelus* qui tinte, montent les dernières notes, harmonieusement belles, de cet hymne au soleil :

Grand soulèu de la Provenço,
Gai coumpaire dou mistrau,
Tu qu'escoulès la Duranço
Coume un flot de vin de Crau.

X

A Madame Nelly Peyre.

La Mer

Je m'appuyai contre le phare, et je regardai les vagues se jouer tout le long de l'étendue bleue qui s'offrait à mes yeux.

Nous jouissions d'une de ces matinées de septembre où, après une nuit d'orage, l'air est encore plein des émanations particulières à ce pays toujours peuplé de printaniers frissons.

Depuis longtemps le soleil était levé, mais son disque éclatant restait invisible derrière le rideau ouaté qui s'étendait au-dessus de nos têtes, nous masquant l'azur pur.

De par cette cause même, la mer n'en était que plus bleue, et les vagues, plus toisonneuses, s'en venaient, avec une sorte de solennité recueillie, mourir sur la grève, mourir et renaître sans cesse, comme une légion d'innombrables tritons sortis du sein de cette vaste plaine liquide, toujours féconde.

Quelques voiles surmontant de fragiles embarcations de pêche apparaissaient dans le lointain, à l'horizon, vers ce qui semblait le confin de ces deux immensités qui, seules, frappent d'abord les sens et l'esprit de l'homme : le ciel et la mer.

De l'eau, de l'eau encore, de l'eau toujours. . Et toujours, au-dessus, les cieux énormes qui roulent leurs mystères dans des gouffres d'insondable éther.

Je me recueillis. L'œil fixé au loin, les mains involontairement jointes, je laissai, devant cette manifestation sublime de la force céleste, mon âme se confondre à celle de l'univers.

Mais le soleil, tout à coup, perça le brouillard gris-pâle qui, depuis le matin, absorbait ses rayons, et la mer d'azur m'apparut drapée d'une apothéose triomphale. Où tombaient d'aplomb les rayons de l'astre, des flots d'argent semblaient rouler.

Sur le confin des vagues, d'un bleu très pur, se balançaient toujours quelques barques de pêche.

J'étais entourée d'un calme religieux, et si tante n'était venue, je serais certainement retombée dans mes songes... qui menaçaient d'aboutir en déductions philosophiques

— Allons, viens, Noëlla, me dit-elle, le couvert est mis chez Félicité. Je ne voulais pas lui donner cet embarras d'un déjeuner, mais elle a insisté... Son mari va rentrer à l'instant ... Ne les faisons pas attendre davantage. Mais j'y songe... tu n'aimeras pas leur soupe au poisson !

— Ça ne fait rien, tante ; je sais qu'il y a du thon... j'en ai mangé ce matin.. il est fameux !

— Bon. Viens vite, alors.

*
* *

A cette mer azurée, tant chantée par les troubadours provençaux et les grands poètes italiens, à ce ciel vaste et profond comme le mystère qu'il contient, j'adressai un dernier regard.

Tante était déjà loin du phare ; je hâtai le pas pour la rejoindre.

Mais tout à coup, et comme si les cieux eussent été contristés de mon départ subit, le soleil, sorti tout à l'heure des plis de son manteau presque moutonneux, se voila.

Quoique la mer fût belle et toujours légèrement onduleuse, de gros nuages opaques s'avançaient rapidement du sud.

— Nous aurons sans doute un temps exécrable ce soir, me dit tante, et notre promenade à Aigues-Mortes pourrait bien être manquée.

Cela mit un peu de tristesse en moi, car depuis longtemps je tenais à voir les remparts de la ville, la statue de Louis IX, et à monter tout en haut de la tour de Constance.

Mais devant la maison de Félicité, cette sorte de froideur morale se dissipa. C'est que la brave femme avait l'air si accueillant, si réjoui !

Ses grosses mains sur ses hanches, elle venait au-devant de nous avec un bon sourire épanoui qui disait, à lui tout seul, le charme de notre arrivée.

Son mari était sorti pour amarrer une barque. Il allait rentrer bientôt. Alors, en l'attendant, il fallut visiter la maison, toute la maison, depuis les quatre jolies pièces du rez-de-chaussée jusqu'aux mansardes auxquelles conduisait un vieil escalier de bois aux marches disjointes et craquantes.

Au cours de cette exploration dans les appartements, j'appris que ces charmantes gens avaient une belle petite aisance qui augmentait chaque jour ; que Félicité se promettait de se reposer dans quelques années. quand la *fillette* serait mariée, le fils revenu du régiment et *casé* à son tour.

Vraiment, je ne me doutais pas que des marchands de poissons pussent faire fortune. Il est vrai que les habitants de ces stations méditerranéennes tirent un revenu énorme de leurs logements, qu'ils louent, durant tout une saison, des prix fabuleux aux étrangers, se contentant pour eux d'une méchante paillasse dans un coin de grenier. J'ai vu chez Félicité de coquettes pièces, meublées avec un goût exquis, toutes louées à des baigneurs.

— Dans la salle à manger nous avons posé un lit pour Mme R..., de Toulouse, dit-elle. La chambre de ma fille, celle de mon fils, la mienne et la cuisine sont occupées par la famille S..., de Lyon. La grande chambre du premier étage, avec son cabinet, est louée à deux sœurs, charmantes personnes et pas à embarras, les demoiselles du baron Z..., de Genève.

Je la regardais avec inquiétude.

— Et toi, alors ? demanda tante, au moins aussi intriguée que moi.

Félicité sourit.

— Vous avez vu, là-haut ?.. dit-elle.

— Vu... quoi ? repliqua vivement tante.

— A côté de la mansarde occupée par ma mère, vous n'avez rien remarqué ?

— Vraiment ! c'est là ?

— Mais oui, fit-elle, de l'air le plus tranquille du monde.

Puis, s'apercevant de nos airs ébahis :

— Tiens, on dirait que vous en êtes surprises... Franchement, je vous assure que nous ne sommes pas mal,..

J'ouvris de grands yeux, car je revoyais vaguement dans un coin du grenier, où l'ardeur du soleil se faisait sentir avec intensité, une sorte de matelas étendu sur des planches couvertes de poussière.

— Il est certain, ajouta la poissonnière, que nous sommes un peu gênés durant les quatre mois *de la saison;* nous ne sommes guère *chez nous...* Mais aussi, c'est *une fameuse récolte d'argent*, et le *petit* nous en coûte, et il nous faut encore un peu grossir la dot de Paula. Voici pourquoi nous nous privons autant. Oh ! mais cela va prendre fin bientôt, et ma foi, lorsque le cheval ne voudra plus aller, je ferai comme lui... Finies les *tournées*. Je serai rentière. On ne me verra plus *trimballer* par les villages avec ma cargaison de marée, et je ne voudrai plus endurer Pierre en mer... Oh ! pour cela, non !.. *C'est bien un peu risquant.* Mais tenez, j'entends s'ouvrir la porte de l'allée ; c'est lui, *le vieux*, probablement.

Je ne connaissais pas le mari de notre bonne hôtesse ; nous étions arrivées, le matin, que lui était déjà parti ; aussi fut-il très surpris de voir chez lui des étrangères, tante qu'il ne *remit* pas tout de suite, et moi qu'il n'avait jamais vue.

Sa physionomie rude de gabelou avait une grande expression de cordialité. J'admirai la façon courtoise et pleine d'aisance avec laquelle il nous reçut, et vraiment je fus touchée de la joie du brave homme quand il sut que ces deux dames étaient Madame Martial et sa nièce.

Avec quel intérêt plein de sincérité il s'enquit de la santé de l'oncle Martial, des grands parents, du frère de tante, « *Moussu Numa* », comme on le désignait généralement dans toute la Vaunage.

Comme il s'empressa de nous faire asseoir dans de rustiques fauteuils d'osier, au milieu de l'improvisée salle à manger où, d'un amoncellement de cordages, de paniers, de corbeilles à poisson, de deux ou trois balances et d'une vieille barque au rebut, émergeait une mignonne table aux pieds tournés, en noyer ciré, recouverte d'une nappe éclatante autant que la Méditerrannée sous le soleil et que garnissaient cinq belles assiettes de faïence décorée qui semblaient attendre la *bouillabaisse* fumante apportée par la bonne vieille mère de Félicité.

Cette sorte de cuisine marseillaise, je ne l'aime pas ; mais dans ce hangar ouvert au vent où se révélait d'elle-même la vie simple et laborieuse de ces êtres si heureux de nous avoir sous leur toit, je trouvai tant de choses tellement exquises et charmantes à la pensée, que j'englobai dans cette manière de voir jusqu'à la soupe servie par la vieille languedocienne, dont les mains ridées et brunies tremblaient... tremblaient...

Je ne mis pas longtemps à revenir de mes illusions, et à constater une fois de plus que les chimères sont des chimères, que la vie matérielle est tout autre, et que l'imagination n'a rien à voir avec l'art culinaire, les goûts de la bouche, ou les délicates fonctions de l'estomac.

Après deux cuillerées, je dus laisser le tout intact devant moi. Tante rit beaucoup et ceci m'amusa. Du reste, le grand Médor dont je sentais l'énorme tête sous la table, contre mes genoux, fut tout à fait ravi de la chose. Et je m'égayai à voir happer cette infortunée soupe, pendant que la mére de Félicité laissait choir ses bras d'étonnement.

— *Bou Die !* ne pas aimer la *bouillabaisse !* c'est à n'y pas croire. Nous vous renions. Vous êtes une mauviette. Pas de chez nous, vous, cela se voit.

Bouillabaise à part, quel déjeuner agréable nous fîmes ! une bonne et franche gaîté nous arrivait avec chaque plat. Le thon était exquis. Un tas d'autres mets absolument succulents. Il y avait aussi des pommes — fruit rare — d'un beau rouge tentant, de savoureuses alberges, et puis de mignonnes azeroles qui semblaient sourire au gros et juteux raisins blancs allongés sur leur plat, où de petites barques, toutes voiles dehors, étaient peintes.

Puis, le café était excellent ; de ma vie je ne bus rien de pareil. Et les récits de Pierre ! et les sourires de Félicité, avec les *Bou Die !* de la vieille mère !

Or, tout cela, tout ce calme, cette harmonie, cette gaîté intérieures, prenaient au bruit régulier et monotone des vagues que je voyais s'allonger, se retirer et s'allonger encore, une expression plus intense, dont l'écho vibrait en ma nature sensible.

Je me prenais à envier la douce existence patriarcale du *gabelou* à la face basanée ; j'aurais voulu pouvoir vivre toujours sous ce toit, peuplé de tant d'objets disparates, dans ce coin de jardin où soufflait le vent, et où venait rejaillir, en perles de cristal, l'eau de la vague écumeuse.

Je regardais les gros nuages monter ; j'écoutais de sourds grondements au loin ; et tandis que je pensais avec appréhension aux bateaux de pêche partis au large, le vieux marin disait, de son ton de voix naturellement rude, mais très placide, en reportant alternativement son regard du ciel à la mer.

— Il tonne là-haut, mais la *grande bleue* est calme. *Si Dieu le veut*, ils reviendront leurs filets pleins.

Je fus charmée de cette grande sérénité d'âme, de ce courage fort et calme que l'on entrevoyait sur la face, dans la parole, dans toute l'attitude du pêcheur,

Et voilà qu'instinctivement je songeai au doux regard simple et tranquille du berger de la Vaunage, mon jeune pâtre, le roi de la montagne aux moulins.

Je comparai ces existences sereines à nos vies agitées, et je me dis que, seule, la contemplation constante des spectacles de la nature peut faire naître ce rayonnement de paix entrevu sur des fronts humains.

XI

AU POÈTE ACHILLE MILLIEN

Labeur divin

Levée dès l'aube, je descendis sans bruit mon escalier tournant, puis, une fois dans la rue du village, je marchai rapidement, ayant grande hâte de quitter ces lieux, pour assister au joyeux réveil des choses sous les incomparables splendeurs du matin.

Il faisait bon. Un dernier regard jeté sur les maisons closes, et je disparus au tournant d'un chemin où frémissaient d'émoi les grenadiers, les houx et les bruyères.

Un souffle mystérieux passa ; des voix chuchotèrent dans les feuilles, pendant que d'innombrables fleurs, éveillées déjà dans l'herbe des sentes, donnaient un regard d'adieu aux dernières étoiles qui fuyaient.

Entre les buissons perlés de rosée, méditative, je marchai.

C'était le calme, mais un calme près de cesser.

Dans ce repos de toutes choses, on sentait sourdre une vie formidable.

Soudain, une légère ligne pourprée, puis une lueur, faible d'abord, bientôt plus accentuée, vint mettre sa note somptueuse sur le bruissement d'aube des sapins. Leur rideau d'émeraudes chantantes se balança sur un ciel fait d'aurore...

Saisie, je m'arrêtai. La grandeur du spectacle emplissait mon âme, élevait mon cœur, me faisait concevoir des horizons plus vastes.

Autour de moi les branches engourdies s'agitaient pendant que de frêles corolles, délicieusement parfumées, s'éveillaient au bord des sentiers pleins de moineaux jaseurs.

Les cigales chantaient.

C'était la vie, poétique et rayonnante, qui se révélait à moi dans toute sa beauté.

Mais voilà qu'au bas du chemin se détacha, sur le vert des halliers, une silhouette d'adorable enfant brune.

Quatorze ans peut-être ; les cheveux crêpelés sortant sur les bords de la coiffe de toile qui les contenait, les manches retroussées, le cou hâlé, tout nu, la bouche souriante, une corbeille sur l'épaule, elle s'avançait, superbe, dans un cadre fait de simplicité forte.

Comme les oiseaux, comme les fleurs, comme l'herbe frissonnante, comme les vertes olives et les raisins joyeux qui pendaient sur le sol dans toute l'étendue de la plaine, la fillette, heureuse de cette nouvelle aurore et du flot de vie qui, en l'enveloppant, montait en elle, saluait, par sa mine radieuse et sa grande joie de vivre, le matin diaphane et triomphant.

Elle s'approcha, montant toujours, avec une allégresse pleine de ravissements, le chemin tortueux, aux émanations pures et fraîches.

Puis bientôt, ce fut tout un groupe qui s'avança, hommes robustes redressant leur torse presque nu, paysannes fortes, au teint basané, portant cornues et corbeilles, comme l'enfant.

En face du soleil qui montait, ce groupe m'apparut, imposant. A côté du travail constant de la nature, travail admirable, grandiose, sacré, je vis l'action humaine, le labeur de l'être, non moins grand, non moins sacré, plein, lui aussi, de simplicités harmoniques et de palpitante poésie.

Et je me dis que s'il était beau qu'une âme contemplât de magnifiques horizons et des splendeurs sans fin, il était plus digne encore, plus religieux, plus divin, qu'elle se pénétrât de toutes ces splendeurs, de leur source, de leur cause, de leur perpétuel mouvement, et qu'elle se donnât toute entière aux déshérités, aux humains qui veulent savoir, à ceux qui sont avides de lumière, aux êtres qui veulent goûter au pain des florissantes clartés.

Comme l'âpre paysan au torse presque nu, aux muscles athlétiques, comme les villageoises et la petite vendangeuse aux bras potelés et brunis, qui, dans les grandes étendues de terres, cueillent la récolte féconde, le poète, ouvrier de l'avenir, travailleur de progrès, doit ensemencer, cultiver, lui aussi, les champs vastes de la pensée.

Un livre sous mon bras, des feuillets encore blancs dans ma main, le front baigné de magnifiques lueurs, l'âme rayonnante, le corps léger, j'achevai de gravir le sentier de mon cher pavillon.

Le soleil entrait à pleines fenêtres, et les cigales chantaient leur hymne.

Deux ramiers s'envolèrent quand j'écartai les odorantes glycines qui masquaient l'entrée de la tonnelle rustique.

Je m'assis. J'étais libre. La journée entière m'appartenait. Tante, depuis deux jours, était à Nimes ; elle ne savait rien, par conséquent, de mon escapade matinale, et de la résolution que j'avais prise de rester là tout le jour, me proposant des repas d'une exquise frugalité composés de raisins, de grenades et des quelques pommes qui pendaient à mon toit, au dessus de la sautillante source où viendraient boire en ma compagnie les petits lapins et les sveltes mésanges. Fort heureusement, dans une coin du vieux placard aux portes vermoulues, j'aperçus un reste de *gâteau* rapporté de notre dernière promenade à la *fontaine de Robert*, et malgré mon grand amour pour les idylles champêtres, ce ne fut pas sans une sorte de contentement que j'accueillis la nourriture plus substantielle offerte par le hasard.

Des chants et des roulements de charrettes me venaient de la Vaunage.

Voyant autour de moi la campagne en travail et les nuages courir, légers dans le ciel bleu, j'appelai de tous les vœux de mon âme l'inspiration que Dieu met au front des poètes.

Un rêve immense parut emplir ma vie en cette minute ; une souriante et douce extase noyait mon cœur. Mon être moral remonta vers sa source éthérée pour y puiser un peu des sublimes chants qui devront faire trembler d'émotions saintes les humains au front pâle.

Après les odes d'aurore, le charme de la vie champêtre, le bonheur familial, la foi en l'Etre immuable et sacré, le recueillement grave des soirs, les élans des cœurs généreux vers un idéal de justice et d'amour ; après les paroles de vérité cueillies sur le front des monts et la pureté versée sur mes yeux de poète par les grands lys penchés au bord des sources blanches, je repris le chemin du village, portant aux humains, mes frères, aveugles encore ou désespérés déjà, la récolte faite pour eux dans des retraites de paix inviolable.

Tandis que je redescendais le sentier de grenadiers et de houx, le soleil, derrière Mourassipp, enfonçait son char empourpré.

Je m'arrêtai un instant, adossée contre un arbre tordu ; mais tandis que j'allais reprendre ma marche, apparut à mes yeux la resplendissante enfant du matin.

Elle avait le même costume, les mêmes manches retroussées, les mêmes cheveux flottants autour de sa coiffe bise, rejetée bien en arrière ; mais la corbeille, maintenant sur sa tête posée, laissait retomber de ses bords des grappes énormes et luisantes sur l'amoncellement éclatant desquelles se jouaient les derniers feux de l'astre.

Belle et rayonnante comme une fille d'Apollon, l'enfant au teint de hâle descendit le sentier, puis, passant près de moi, me sourit.

Les autres suivaient... tout le groupe du matin, puis d'autres, et d'autres encore.

De lourdes charrettes, aux roues massives, traînées par deux, quatre ou même six chevaux, aux colliers garnis de grelots, passaient par la route montueuse, emportant le produit de la récolte de cette riche terre de la Vaunage. Puis venaient, par le sentier raccourcissant le chemin, des hommes, des femmes, bizarrement vêtus, coiffés plus étrangement encore, suivis des enfants qui dansaient, sans nul souci de leurs grands chapeaux défoncés, pas plus que de leur longue chevelure en broussaille.

Ils allaient, espacés, en longue file, las, mais quand même heureux de leur journée, contents de la récolte faite, resplendissants de santé et de joie.

Ravie, moi aussi, de la tâche accomplie, je donnai à ce tableau sacré un regard où passa toute mon âme, et ce fut d'un cœur léger que je descendis vers le toit de famille, serrant sous mon bras mon vieux livre et l'ébauche d'un travail où je rêvais de verser, sans réserves, le reflet de la vie morale que l'Eternel mit en moi.

XII

Au poète Lucien Jeny

Vision

Comme chaque soir, une fois montée à ma chambre, je m'accoudai sur la barre d'appui de ma fenêtre.

Il était tard : la lune avait fait les deux tiers de son chemin dans le ciel, et je voyais son disque, en forme de croissant, se balancer mollement sur les hauteurs vertes de Mourassipp.

Le calme grave qui régnait sur toutes choses me pénétrait. Mon âme jouissait d'une paix incomparable, tandis que mes yeux, perdus dans l'infini, suivaient le scintillement lumineux des étoiles.

Nul bruit ne montait de la plaine ; mais un murmure vague, confus, lointain et proche à la fois, plein d'une harmonie toujours effacée et de plus en plus grandissante, m'enveloppait, s'emparait de mon *moi* moral, qui semblait se confondre avec toutes ces exhalaisons bruissantes, insaisissables.

Sur le jardin des ombres se découpaient qui me

parurent d'abord indécises, mais qui, bientôt, prirent à mes yeux de voluptueuses formes.

Les énormes yuccas, aux panaches enluminés et pleins de parfums, s'abaissaient imperceptiblement vers le velours clair des roses aux lèvres humides, pendant que des battements d'ailes se mêlaient au chant monotone des grillons.

Un concert sublime faisait communier toutes choses dans le rêve éternel. Un frisson d'amour secouait tous les êtres.

A ce moment, sur le mur blanc de l'enclos, une silhouette se dessina nettement; des pas effleurèrent la bordure tapissée des parterres, et des frôlements discrets contre les touffes des fleurs se perçurent vaguement.

Quelque chose de mystérieusement grave, comme un muet appel de caresse contenu dans un soupir triste, passa sur le front miséricordieux du ciel. Le rossignol lança soudain dans l'espace les premières notes de sa mélopée. Un vent, troublant et chaud comme une brise d'Orient, mit des baisers sur le calice embaumé des fleurs, ses divines amantes.

Et pendant que dans le calme de cet nuit d'été mon âme s'ouvrait toute et livrait ses trésors de pureté sous l'étreinte chaste de l'univers, alors que sous le clair de lune magnifique, les hauteurs plantées d'arbres, en face moi, s'enguirlandaient de rubans de neige, et que la nuit tombait de plus en plus autour des maisons du village, une voix profonde et douce, pleine d'une émotion palpitante, vint à moi y trouver son écho.

Où est-il donc, le Dieu que je cherche et que j'implore ?

J'abaissai la tête et vis sous la lueur bleutée d'Hécate, la stature haute, mais affaissée et vieillie prématurément, d'un homme dont les cheveux noirs et longs flottaient au vent attiédi de la nuit. Il joignit les mains, et comme il regardait le ciel, je remarquai, non sans étonnement, que la plus grande jeunesse régnait sur ce visage, aux lignes délicates. qu'une souffrance morale intense torturait. Je vis avec compassion ses grands yeux bleus de rêveur briller comme deux étoiles de paix, et interroger ainsi l'espace de leur regard fait de douceur navrante.

J'étais appuyée sur le balcon. Pour mieux voir l'être malheureux dont le front s'étoilait de tous les reflets d'aube des astres ; pour mieux entendre cette voix, aux inflexions affligées et caressantes, planer sur les calmes ailes de la solitude immense qui l'entourait ; pour mieux saisir et goûter les désirs de cette âme que je devinai sœur, je me penchai davantage, haletante, sur la massive balustrade de pierre grise.

Il fit un pas de plus. Je crus qu'il s'avançait vers moi...

— S'il allait me voir, me parler, cet être vers lequel je me sentais inconsciemment poussée, cet inconnu que déjà, sans le connaître, j'appelais mon frère !..

Mais non, cela était impossible ; l'ombre la plus épaisse recouvrait la façade flanquée de ses balcons massifs.

Du reste, un nouvel hymne du rossignol s'éleva, et *lui*, les bras croisés sur sa poitrine, contempla longuement les cieux.

Puis sa voix, harmonieuse et pure, vibra comme une lyre éolienne, au milieu de grisants et capiteux parfums.

— Oui, Dieu, l'être parfait à l'incommensurable équité, où le trouver dans ce qui m'environne? Déchirez-vous, cieux, et que, dénué de voiles, resplendissant sous le flambeau saint de la nuit, m'apparaisse Celui devant le nom duquel nous prosternons nos fronts! Astre radieux, quels mystères cachez-vous dans vos gouffres de feu? quel est le but, quelle est la loi de vos courses sans fin? Flots impétueux, qui met un frein à vos sourdes colères? Et vous, mugissantes tempêtes, quand, sous votre tonnerre, d'horreur et d'épouvante la montagne gémit, sur la crête des rocs, l'éclair, en traits de feu, n'écrit-il pas le nom d'un éternel Esprit?.. Mais moi, que suis-je?... O Dieu! Puissance, Beauté, Bonté sans nom! que ne m'est-il permis d'être au milieu de pareilles grandeurs?

Un rauque sanglot, perçu tout à coup, des pieds à la tête me fit frissonner. Des larmes de pitié coulèrent de mes yeux. J'aurais voulu pouvoir descendre, et de toute ma tendresse consoler cet être sanglotant, verser ma foi en cette âme éplorée.

Mon cœur battit très fort, et ce fut la main sur la poitrine que j'écoutai, car *il* avait repris :

— Ainsi, c'est bien vrai, bien fini!.. La terre prend tout, et rien ne reste!.. La vie est un passage, la jeunesse un rêve... une illusion, une chimère, un souffle d'ange qui passe, une fleur éclose à l'aube et qu'un vent emporte avant que le soleil soit même à son zénith. Tout fuit! Et quand les bras veulent étreindre le Rêve, alors seulement l'homme comprend que la beauté radieuse entrevue n'était pas à la terre, et que ce qui appartint à la terre était un corps froid, inerte, aux yeux pâles, sans éclat... un peu de poussière, et beaucoup de douleur !

Oh ! j'étais donc maudit ! Mais alors, s'il existe un Dieu d'amour et de paix, pourquoi *l'ai-je connue*, et pourquoi *est-elle morte ?*

De douleur ma main se crispait sur mon front, et mes lèvres goûtaient tout le sel des larmes qui roulaient sur mes joues.

L'inconnu avait secoué la tête, et de par ce mouvement, ses cheveux s'étaient un instant soulevés. J'appréciai mieux alors sa gravité imposante et noble. Je le trouvai grand parmi toutes choses. Je le vis tel que je rêvais de voir tous les humains.

Une tombe ouverte sous ses pas avait suffi pour lui révéler des profondeurs insondables de vie. Or, en cette heure de solitude et de recueillement, l'harmonie céleste allait mettre à son front un diadème de rayons.

De plus en plus la nuit se faisait calme et douce, et les étoiles, plus brillantes à mesure que la lune s'avançait dans le ciel, prenaient des éclats de mystère surprenants.

Un concert d'insectes dans le fouillis des branches se mêlait agréablement au bruit du ruisseau sur les rocs ; et près de là, dans l'ombre des allées, passaient — splendides visions d'amour — des couples charmants enlacés.

Insensiblement les rayons lumineux avaient gagné la balustrade de pierre. Je dus me retirer. Mais les tiges de lierre écrasées sous mes pieds gémirent, et firent se retourner l'affligé mystérieux.

Ses regards se portèrent sur ma fenêtre que l'astre éclairait tout à fait ; et tandis que, poussée par l'invincible attrait qui faisait communier nos âmes, je me penchais plus bas, je vis ses mains se lever vers moi, et son visage blanc resplendir de l'expression profondément troublante d'un bonheur invécu.

Et après que ma main eut esquissé un geste d'adieu, muette, je rentrai, pendant que lui, à genoux, murmurait :

— Je crois en toi, ô Dieu d'amour et de bonté suprêmes ! Je doutais, je maudissais la vie. Insensé ! — Non, je ne maudis plus ; non, je ne désespère plus ; non je ne veux plus mourir !

Mourir ! à quoi bon ? Et d'abord, meurt-on ? La mort, au contraire, n'est-elle pas une naissance, un jour lumineux qui suit un jour sombre, la fleur éclose sur la branche noire de l'arbre ? naissance, vie, mort, perpétuel mouvement, perpétuel devenir dans le grand Tout, dont Dieu est l'image de vie morale, la seule vraie et belle, la seule durable, éternelle !

J'ai souffert, prié, douté, désespéré ; j'allais mourir, croyant m'anéantir ; la contemplation d'une beauté morale intense reflétée par un visage mortel ; des larmes qui ont coulé à cause de mes larmes ; ce soupir échappé d'une poitrine parce qu'en moi, tumultueux, se brisaient des sanglots ; l'immense pitié d'une créature humaine pour moi, pauvre être douloureux, m'enlèvent le dégoût de la vie et ma désespérance. L'âme de *l'autre* en *elle* m'apparaît...

Oui, ceux-là qu'enflamment les feux de la divine Lyre portent en eux une parcelle du rayonnement de l'Ame Eternelle ; les objets, les figures, le côté palpable des êtres peuvent se mouvoir, changer, naître et disparaître, l'essence immatérielle subsiste. Dieu reste Dieu. C'est pourquoi je suis ébloui de la magnificence des formes qu'il revêt, et pourquoi, en cette nuit de beautés extatiques, je baigne dans l'azur mon front d'humain pâli qu'à régénéré le regard de la divine Mortelle, ma sœur inconnue et bénie. »

XIII

A Madame M.-L.-Néron.

Deux mots

Ce matin je dois, avec tante, partir pour la ville antonine. Peut-être irons-nous à Marseille ; en tous cas, nous resterons huit grands jours absentes de notre chère Vaunage. Or, cette pensée me rend triste un peu, car, vous le savez, j'affectionne particulièrement ce petit coin de terre si calme et si beau. Et puis il me semble que quelque chose de l'Inconnu navré de la veille est resté au travers des yuccas effleurés par son geste grave d'illuminé, et qu'au milieu des soirs pâles, alors que s'inclinera au-dessus de Mourassipp la face placide et amoureusement belle de Phœbé, passera, un peu triste, le reflet des méditations de la belle âme humaine un instant entrevue dans les clartés rayonnantes de cette somptueuse nuit d'été.

XIV

A Mademoiselle Albertine Charitat.

Avant ma prière

J'avais fermé ces chers manuscrits, mais il me faut les rouvrir, puisque nous ne devons partir que dans une heure, par la voiture du *courrier*, l'horrible guimbarde de maître Excelsas.

J'avais pourtant espéré que nous prendrions *Provence*, la petite jument blanche aux pattes zébrées de noir, et voilà que, sous un banal prétexte, Mademoiselle Provence ne peut sortir.

Je le regrette, parce que j'aime son trot agile et rythmé sur la route aux exhalaisons fortes, où les poumons, dilatés, aspirent l'air pur que parfument les fruits mûrs des haies et les fleurs sauvages rampant dans les fossés

Je le regrette encore, parce que j'aime à guider les pas de la jolie bête qui me charme par le discret tintement de ses grelots, quand la crinière vole par intervalles sous le redressement orgueilleux de sa tête mignonne, intelligente et fine.

Je le regrette surtout parce que nous allons être contraints de nous entasser dans une affreuse voiture, aux vitres surchauffées par un soleil ardent, à l'air intérieur lourd, chargé de vieux relents de denrées qui séjournent presque continuellement sous les banquettes au cuir fauve, éraillé.

Et voilà pourquoi, puisque j'ai bouclé le sac de voyage que je me propose d'emporter, puisque j'ai sorti mon chapeau, mon pare-poussière, mon ombrelle et mes gants, je veux descendre faire un tour au jardin que les lèvres de l'aurore viennent d'effleurer à peine, et me griser, par cette matinée au plus haut point poétique et chantante, de la grande beauté qui se dégage de tout.

Une fois descendue, peut-être pousserai-je mes pas vers le monticule aux sentiers sinueux ombragés de sorbiers sur les feuilles desquels la rosée tremble, afin d'apercevoir et de confondre dans le même ravissement céleste, les maisons aux toits plats échelonnés de-ci de là sous la montagne, les moulins à vent, les fontaines aux bruissements joyeux, les troupeaux qui paissent au milieu des chênes-verts, sous les pins ondoyants, les vendangeurs dans la plaine, pendant que continueront de monter dans l'air balsamique du matin le carillon des clochettes et le bruit des battoirs sur le linge que les femmes rincent déjà aux fontaines du village.

Je pose ma plume, je ferme mes cahiers, et je descends, oui, tout à l'heure, car les instants passent, et je veux dire, au sein de la nature, à la face de Dieu, ma prière à genoux.

XV

A M. J. PIERRE.

Les amis

Des amis sont venus nous voir, des amis qui sont des cousins de tante, mais qui ne sont que des amis à moi.

Sous le toit qui m'abrite, il y a une toute jeune et toute charmante femme, blonde au possible, admirable de teint, exquise de manières. Elle s'appelle Renée, et elle est poète. Sa sœur, Marguerite, de deux ans plus jeune qu'elle, brune et svelte, manie le pinceau avec une habileté qui m'émerveille, et une dévotion qui m'enthousiasme.

Le mari de Renée est le type parfait de l'artiste; ses longs cheveux noisette coupés en saule-pleureur, ses grands yeux, d'un bleu intense, qui semblent rêver toujours, sa parole réfléchie et pénétrante, à eux seuls, tout de suite, me révélèrent la personnalité morale de Raymond M***.

*
* *

Depuis huit jours ils sont là, huit jours charmants et cordiaux au possible, huit jours enfuis comme des éclairs de joie. C'est que, pénétrés de la même foi céleste, du même vaillant enthousiasme, nous communions dans un rêve splendide. Le même idéal grise nos âmes. La Nature nous apparaît comme l'éternelle et vivante énigme où les profonds et mélancoliques esprits des poètes se retrempent.

*
* *

Ce soir, tous quatre, oubliant l'heure, nous avons, au cours de notre lente promenade, laissé mourir les lumières et les bruits du village. Seul, passant sous le pont aux parapets de mousse, le ruisselet chante son pur bonheur d'aimer sous la caresse magique d'étincellements lunaires. Rien ne bouge. Les oliviers sont muets, et c'est à peine si les grenades palpitent. Frénétiquement, au milieu du silence, l'ombre étreint les formes majestueuses et granitiques du roc, dont les flancs gris recèlent de légendaires cavernes.

Nos cheveux flottent dans le soir. Une grande paix nous entoure. Mon âme s'attendrit et s'élève.

Mais une ombre lente se détache sur le mur d'une habitation blanche égarée sur la route... une silhouette d'être, un homme qui vient, et qui semble accablé. Ses yeux, vaguement, regardent la poussière que sa marche soulève...

Un moment je vois, levée vers nous, sa tête sombre et farouche, puis, sans plus nous regarder, l'homme passe, le regard rivé au mystère écrasant du sol noir que, sans doute, absorbé par sa douleur de vivre, il ne soupçonne pas,

Nous marchions lentement et sans bruit. Aussi, longtemps entendîmes-nous, par la route couverte de poussière, les pas lourds du paria solitaire, du déshérité, qui, peut-être, eut été un héros, si son front se fût un instant soulevé pour écouter là-haut, dans le temple éternel, le roulement énorme et lourd des mondes.

*
* *

Je suis très affairée. Pour demain nous préparons une fête solennelle. C'est notre ami Raymond qui en conçut le plan... Oh! un plan grandiose, étonnant, magnifique!

Pensez donc! une représentation théâtrale en plein air, sous le triple décor du soleil, de la verdure et de la joie!

Je voudrais pouvoir en parler longuement, mais voyez-vous, les instants me manquent; et tandis que je glisse en hâte dans votre oreille ces indiscrètes paroles (on m'avait fait promettre de n'en rien dire du tout) j'entends le menuisier qui se fait artiste pour monter la scène, réclamer, en son langage sonore, *Mademoiselle Noëla.*

Donc, j'accours ..

*
* *

Franchement, la fête fut ravissante. Nulle matinée pleine d'effluves de printemps ne posséda plus de douceur réelle.

Vous ai-je dit que tout le village était invité, que

tous, hommes et femmes, bergers et vendangeuses, étaient venus sous le parc enguirlandé de banderolles satinées, se reposer de leur travail, causer franchement, épanouir leur sourire et vivifier leur âme à l'harmonie du concert que Raymond, notre artiste, donna.

Il avait en pitié et en grande affection ces êtres malheureux, ces déshérités de la terre qui toujours peinent sans jamais goûter, sans même entrevoir, la lumière si douce et bienfaisante d'une aurore morale, le pain florissant des idéales clartés.

Et il avait songé à leur donner un moment de joie sainte en les éblouissant de cette beauté qui rayonne en lui-même comme dans le sanctuaire d'un temple radieux.

***

Parmi l'assistance, j'ai vaguement aperçu les cheveux longs, bruns et bouclés, de mon inconnu sanglotant. J'ai senti mon regard effleuré par son œil bleu, limpide, et j'ai vu sa joue, à peine ombrée d'un duvet noir, soyeux, se couvrir fugitivement de roses.

— Qui est-il ? demandai-je à l'institutrice debout près de moi.

— C'est le fils Alzalet, me répondit-elle ; un jeune homme que son parrain, M. le comte de Toussac, fit élever.

— Habite-t-il le village ?

— Il est ici depuis huit jours seulement... malade, vous voyez... atteint de la poitrine, comme sa sœur, morte l'an dernier. Vous connaissez la famille ?

Je répondis que non.

Elle continua de parler, mais je n'écoutai plus. Cette confidence avait produit en moi un sentiment pénible.

Je levai les yeux dans la direction du groupe où j'avais aperçu le jeune homme; mon regard le chercha, ne le retrouva plus. Son image, seule, restait gravée en moi, et cependant je revoyais moins ses traits, du reste jamais bien remarqués, que l'expression de sa personne morale.

Voilà pourquoi je regrettais le départ de cette âme sœur, de l'être que, par une communion intellectuelle, j'avais, sans le connaître, désigné mon frère ; et voilà aussi pourquoi je fus un peu triste à la fin de cette journée si gaie, car m'apparaissait vaguement, dans un avenir très proche, une tombe ouverte où l'on glisserait le corps du malheureux jeune homme à l'aurore de sa vie...

Et je pensai à *l'autre*, qu'il avait tant aimée.

Le lendemain matin, grand'père fit préparer le breack qui, traîné par le gros Djapour, nous emmenait tous vers la station voisine.

Le soleil était voilé par les nuages, et dans le ciel l'orage s amoncelait pour le soir.

Aussi, en même temps que la température était lourde déjà, les parfums dégagés de la campagne étaient plus âpres, plus énervants.

Peut-être cela influa-t-il sur moi-même, car voyant Renée me regarder et me sourire, il se fit en mon âme une telle impression de vide, que je dus refouler mes larmes prêtes à jaillir.

A les voir partir ainsi, de même qu'à songer à l'éternelle absence de cet être dont la personne morale fut en si parfaite harmonie avec la mienne, il sembla que quelque chose de moi m'était violemment arraché.

Et ce fut avec un serrement de cœur que j'agitai mon mouchoir devant le convoi en partance, en songeant avec mélancolie que dans huit jours je partirais de même, et que je verrais sans doute aussi des mouchoirs s'agiter devant les massives voitures qui m'emporteraient alors loin, très loin de mes souvenirs, de mes troupeaux de Mourassipp, de toute ma gentille famille et de mon berger romain.

XVI

A Vincent Déthabé

Lamentation

Il a plu, et le ciel, toujours uniforme, obstinément grisâtre, enveloppe l'horizon d'une sorte de voile endeuillé

Il fait un peu froid, je sens des frissons me gagner au bord de la terrasse où s'agitent, sous les âpres caresses d'un vent d'automne, les feuilles et les grappes violettes des glycines ruisselantes d'eau.

Soleil, beau soleil des jours de gaîté, pourquoi cacher ta face sous cette couche épaisse d'ouate grise ? Pourquoi ne viens-tu pas, ce matin, de tes rayons aux reflets divins, caresser les cheveux roux de ma belle vendangeuse qui, du même sourire provocant, regarde en face d'elle, contre la grande glace de ma cheminée, l'archer lancer sa flèche avec un air vainqueur.

Soleil ! vois donc par la fenêtre, aux rideaux épais tenus un peu trop hermétiquement clos, se lamenter l'herbe follette des chemins complètement désertés.

Personne au dehors par ce temps. Il semble bien plutôt qu'on est aux jours d'hiver; et si ce n'était la couleur charmeresse des petits arbrisseaux et des immenses vignes qui pleurent de vraies larmes de sang, on jurerait que des vols de cigognes s'entendent, se devinent, descendant de là-haut, du Rhin poétique et légendaire, de Cologne et de Strasbourg.

Le cœur navré, je regarde mon antique pavillon que le vent de la nuit a presque démoli. Son toit rond de pigeonnier est en parti descendu; ses poutres, presque arrachées. semblent des bras lamentables qui pendent; la porte, que j'avais laissée ouverte la veille, pendant une courte visite, alors que l'occident se drapait du manteau pourpré qui faisait, au travers des aiguilles des sapins, se jouer des paillettes d'or, la porte donc, ce matin, est fermée. Une main brutale a touché ceci, renversé cela, détruit des existences chères à mon cœur.

Un blanc rosier grimpait jusqu'à la girouette de mon toit, et maintenant le voilà râlant, souillé d'eau et de boue, devant le seuil, sur le tas de graviers qui encombre le coin du jardinet, où des reines-marguerites, hier au soir encore, fleurissaient.

Dans ma rustique villa, c'est le désastre Je crois bien qu'un mystérieux esprit a, cette nuit, comme Ariel sur les flots, déposé dans ma paisible retraite toutes les flammes de sa sourde colère, car je vois au travers des vitres défoncées par les rameaux d'un figuier violemment arraché, des papiers, des livres, une foule d'objets disparates, éparpillés d'un bout à l'autre de *mon cabinet.* C est une pitié !

Et voilà que je suis triste, triste d'abord parce que je pleure sur l'âme de mes chers manuscrits ainsi livrés au vent de la tempête, et aussi parce qu'autour de moi tout est d'une monotonie que rien ne saurait rendre.

J'entends carillonner les cloches. Eh bien ! ce chant de l'airain, si joyeux dans le clair soleil, me semble un glas funèbre, quelque chose comme une mystérieuse plainte qui se meurt dans une douleur latente, comme un cri de hibou, la nuit, quand on est seul dans la campagne et que pas une étoile ne brille au front du ciel.

Oui, triste, triste, cette matinée de septembre, sur la terrasse recouverte de feuilles, qui s'égouttent doucement, avec un bruit régulier d'une monotonie maladive, pendant que tout autour de la Vaunage, l'œil se perd dans les mailles serrées, impénétrables, d'un brouillard opaque et lourd.

De cette buée, les vignes sont couvertes ; on ne distingue pas du tout le reflet d'argent des oliviers pas plus que la rouge couleur des azeroles et des grenades fendues.

Mais voici qu'une bouffée de vent, plus rageuse encore, passe rapidement, de son allure tragique, pendant que dans le gris uniforme du ciel monte un nuage énorme, aux flancs d'un noir très sombre.

Les fleurs du jardin se prosternent ; les oliviers, dans les grandes étendues de terrain, se secouent en gémissant, pendant que de Mourassipp me vient confusément le bruit fait par le vent au travers des sapins.

C'est tout un frémissement des être en émoi. Je

devine leur imploration en voyant sur la montagne se tordre les bras noueux des houx, s'abaisser et se relever alternativement le front palpitant des figuiers, se joindre, comme pour une solennelle prière, les fronts des sorbiers et des grenadiers, aux fruits écarlates, balancés.

Puis voilà que sur tout ceci l'air, épais de brouillard, tremble et se confond en de sourdes clameurs, quand dans les profondeurs du ciel soudainement déchiré, un coup de tonnerre éclate, formidable, terrible.

Alors, sur les branches frémissantes encadrant la terrasse, de grosses gouttes de pluie s'abattent en rejaillissant sur mes mains, sur mon front, sur mes cheveux.

C'est l'averse. Vite, je rentre, et pendant que l'eau dégringole à flots du nuage crevé, je regarde la campagne, devenue lamentable, les montagnes que j'aperçois à peine, les champs d'oliviers et les belles vignes recouvertes de brume.

Je regarde, en prêtant une oreille distraite au bruit de l'eau tombant sur le zinc des balcons, pendant que déambule lentement par l'étroite et silencieuse rue du village, un lourd véhicule traîné par un cheval maigre, aux épaules pitoyablement écorchées, sur lequel une vieille femme, accroupie au bord de la voiture, cogne à tour de bras, en clamant tous les jurons du vocabulaire méditerranéen.

XVII

Au poète Alphonse Ponroy

Débâcle

Je descends à la cuisine. Deux petites vieilles, ridées et noires, sont assises devant la flamme haute du fourneau où cuit le déjeuner.

Une voiture, celle que je viens de voir tout à l'heure descendre la rue du village, est arrêtée sous la grande voûte d'entrée.

Le malheureux cheval, harnaché de bouts de cuirs informes, est trempé, trempé... et au travers des vitres, je vois l'eau qu'il a reçue, ruisseler contre son flanc et sur ses jambes osseuses.

Une vendangeuse pousse un pan coupé du portail, se faufile entre la carriole et le mur. Une autre suit, puis une autre, puis une autre encore...

L'oncle Numa lève la tenture de la porte d'entrée du bureau, de l'autre côté de l'allée, en face de moi

— Eh bien? dit-il, s'adressant aux femmes qui arrivent, essoufflées.

— *Pas possible de faire*, dit l'une d'elles ; pas tenable par ce temps, *moussu* Numa...

— Sans compter que les moustiques *nous mangent* dit une autre.

— C'est au point qu'il fallut emporter à Sainsans un homme venu de la montagne. Les *sales bètes* l'avaient dévoré.

— Presque mort qu'il était, *moussu*, vous pouvez nous en croire, dégoise une troisième.

— Ah ! quel temps ! *Bou die !* quel temps !.. Je suis trempée .. jusqu'à ma *camisa*.

— Et les autres ? questionna l'oncle.

— Tout le monde vient, *moussu*. Bertrande, Louisa, la Giraudette et les *Nimois* nous suivent. C'est David qui conduit le chariot.

— Au Champ-Carré, oui, mais ceux de chez mon beau-frère ?

Ils ont cessé... il l'a bien fallu .. la pluie nous *battait* dit un jeune gars aux épaules solides, à l'air robuste et mutin, qui venait d'arriver.

— Bon, dit l'oncle, mais cela va finir bientôt : le vent tourne. En attendant, aidez aux nimois à *écraser*, Samuel ; et vous autres, occupez-vous des *coustelettes*.

Il s'adressait aux vendangeuses en disant cela, l'oncle Numa, aux vendangeuses occupées à réparer un peu le désordre de leur toilette ; et comme il leur parlait avec cet air de bonhomie qui ne le quitte jamais, quoique son ton fût un peu brusque, toutes partirent, avec des éclats de rire, vers le grand hangar peint en vert où se confectionnaient les repas de toute la bande.

— Ah ! *péchaïre !* pas souvent pour nous, les *coustelettes* !

Sincèrement, je fus émue du ton que prit cette femme. Une commisération profonde s'apprêtait à me saisir en réfléchissant à l'existence misérable de ceux qui peine et ne mangent rien... et tout en déplorant l'inégalité du sort des êtres, je me dis que, cependant, avec le gain du jour, tous les vendangeurs pourraient, en buvant moins d'*absinthe*, augmenter d'autant le confortable de leur vie.

Et je regrettai que Raymond fût parti, parce que, lui ayant confié mes impressions, il n'eût pas manqué, philosophe austère, d'organiser pour le soir, dans la cour de l'oncle Martial, une conférence pour tous nos vendangeurs.

∴

L'oncle Numa s'était rapproché de la porte, non sans avoir jeté un coup d'œil intrigué à la grande voiture d'où s'échappaient des relents de marée, et un regard prolongé sur la malheureuse haridelle qui tremblait, mal d'aplomb, sur ses jambes engourdies par la fraîcheur de l'averse.

Il allait rentrer, quand il se ravisa. Je vis sa figure se détendre sous une grande pensée de pitié.

— Charles ! appela-t-il.

Le domestique parut, et immédiatement, l'oncle dit, en patois, d'apporter sur le cheval une couverture... « vivement ! »

Puis, soulevant le rideau moustiquaire, il entra.

J'entendis alors le bruit des bottes du petit, qui partait en courant vers la remise, au fond de la cour, pendant que l'eau tombait toujours, avec un grand fracas, sur les balcons, sur les cheneaux, les arbustes de la terrasse, et que les deux bonnes vieilles femmes séchaient leurs jambes et leurs jupons mouillés.

Une demi-heure après, un beau soleil, dans le ciel bleu, vers la mer se montrait, faisant étinceler chaque goutte d'eau sur les feuilles, et monter en fumée le brouillard qui couvrait la campagne.

Le vent mettait de poétiques frôlements dans les arbres, en balayant l'azur. La bête sous le portail, renifla l'air et secoua ses grelots ; puis les deux vieilles poissonnières grimpèrent dans le lourd véhicule, non sans avoir, en passant, touché de leurs mains tremblantes, puis porté à leurs lèvres, le coin de mon tablier de percalinette rose.

Puis m'envisageant d'un regard extasié, elles dirent de leur voix chevrottante et sur un ton admiratif qui m'amusa beaucoup :

— Sainte Madone ! est-elle blanche ! est-elle blanche !

Devant tante elles se confondirent en actions de grâces à propos du bon feu et de la tasse de café qui les avait un peu ranimées, car elles étaient transies.

Par exemple, elle ne parlèrent point de la couverture posée sur le dos de leur cheval poussif, tant bien que mal replacé sur la route à l'aide de quelques coups de bâton. Mais ce stimulant ne fit pas grand effet, et ce fut du pas le plus lent qu'un cheval puisse avoir, que la voiture disparut au tournant de la rue, derrière la fontaine, en face les splendides feux d'un arc-en-ciel géant.

XVIII

A Madame Mathieu-Goirand, félibresse.

Excursion à Fontarame

A présent que le vent a cessé, et que le soleil baigne de reflets lumineux la crête des monts, la plaine et l'azur clair du ciel, je songe à l'excursion champêtre projetée depuis la veille, et si mal à propos dérangée par la battante averse du matin.

Il s'agissait d'aller visiter Fontarame, petite fontaine dont on chante les charmes à cause de faits anciens — épopées de naïades en émoi à la vue de gentils sylvains s'élevant au fond des forêts inclinées — racontées d'une voix magique par les bardes des temps passés.

Il s'agissait, dis-je, de partir de bonne heure par les routes encore humides de rosée, le front baigné d'air parfumé, les yeux éblouis par le lever de l'astre, le cœur débordant d'un amour immense, l'âme emplie d'espérance enthousiaste, et de marcher dans le sentier tournant et montueux, au travers du petit bois, où croissent en grande abondance et liberté, les hêtres, les pins, l'yeuse, le sorbier, les houx, les thyms, les pâquerettes au bord des chemins, les grenadiers dans les haies, l'herbe folle un peu partout, jusque près du roc où la gracieuse fontaine, sautillante et froufrouteuse, s'échappe en vraies perles pailletées.

Voilà quelles étaient nos intentions pour cette matinée sur laquelle la pluie était venue poser sa figure maussade et bourrue.

Cependant le *gâteau* est fait, et le déjeuner attend dans la corbeille !

Le déjeuner ! il ne sera plus temps de le manger là-bas ; quant au gâteau, c'est chose encore possible.

— Y allons-nous ? me crie tante, qui, de même que moi dans le jardin, est en train d'interroger l'horizon du haut de sa terrasse.

— Si vous le voulez, tante... J'en serai heureuse...

— *Si vous le voulez .. J'en serai heureuse*... reprend-elle avec un accent de moqueuse câlinerie impossible à traduire ; c'est-à-dire qu'il faut comprendre ceci : oui, allons-y... je ne demande que cela.

— Mais oui, je ne demande que cela, en vérité.

— En vérité ?

— Elle gardait toujours le même air de bonté taquine !

— En vérité.

Dernier regard vers le sud, d'où une légère et rafraîchissante brise vient atténuer les caressantes ardeurs du soleil, quelques secondes de réflexion, puis le fameux :

— Eh bien ! c'est décidé, partons !

J'en saute de joie, et *Dianette* qui vient d'arriver fait comme moi.

— Alors, il faut prévenir ces demoiselles.

— Mais oui, sans retard. Appelle donc Virginie.

— Pourquoi faire, tante ?

— Pour aller chez Colette, chez Clara et chez mademoiselle Berthe.

— Leurs maisons se touchent, et c'est à deux pas ; j'irai bien moi-même.

— Si tu veux...

Elle rentre, et moi je pars.

Puis, me ravisant :

— Tante ?

Au balcon, voilà qu'apparait à nouveau sa tête brune que j'aime tant, et son regard interrogateur se fixe sur moi !

— Chez Colette .. c'est bien à côté de la petite maison au perron de pierre, près de l'église ? demandai-je.

— Oui .. mais, voyons, tu le sais, cependant .. face au café Laderje... Une grande entrée, puis l'escalier au fond. C'est la porte à gauche... tu sonneras.

— Bien... bien. .

*
* *

J'y suis allée. Colette viendra, Clara viendra, mademoiselle Berthe vient, c'est sûr, puisqu'elle est là, en bas, avec son frère, un grand monsieur dont la figure est très basanée, le nez fort rouge et les cheveux tout gris. Il aime l'absinthe beaucoup. Tout de suite, il m'a fait une drôle, oh ! très drôle d'impression ; maintenant que me voilà habituée à ses manières et à sa physionomie, je suis forcée de convenir qu'il est très spirituel et surtout fort galant.

Il écrit, sans toutefois être poète ni romancier. C'est un journaliste, un homme qui se mêle aux combats âpres des lices politiques.

Il cause avec les employés, pendant que sa sœur est montée dire bonjour à ma tante.

Mais les voilà toutes deux, et puis Clara et Colette qui entrent, en corsages clairs et chapeaux de soleil. Elles ont chacune leur petit panier dans le bras.

Comme cela va être gentil, cette excursion à Fontarame ! Dépêchons-nous ! dépêchons-nous !

Eh ! eh ! jolies petites roses, grands yuccas aux majestueux rameaux, pourquoi ne pas vouloir que je m'en aille ? pourquoi cette obstination à me retenir de vos mains encore mouillées de pleurs ? pourquoi ce gros soupir qui vient de faire palpiter le cœur de mes colombes s'éveillant sous l'ombrage des fuschias tout mouchetés de blanc ? Pourquoi ? pourquoi ? puisque je reviendrai bientôt vous conter la chanson babillée par la fraîche et joyeuse source de Fontarame ! Adieu, à bientôt... à demain matin, au lever de l'aurore... Ah ! tenez, n'entendez-vous pas que l'on m'appelle :

— Noëlla ! Noëlla ! Noëlla !

Et l'écho de répéter :

— Oëlla ! ... ëlla ! ... la !..

***

Je vous l'avais promis : je reviens... je suis revenue. Ne vous avais-je pas annoncé mon retour pour demain matin, dès les premières lueurs de l'aurore ? Je viens plus tôt ; les côteaux de Langlade, là-bas, vers l'est, attendent leurs divins rayons d'aube, tandis que les feux du couchant, passant par dessus la petite montagne de Sainsans viennent empourprer les feuilles volantes que je barbouille d'une main distraite. les yeux remplis de la céleste poésie des choses, l'âme perdue au sein des harmonies et des beautés champêtres.

Nous ne sommes pas arrivés tard de Fontarame; et d'ailleurs, serions-nous revenus à la nuit que je serais descendue tout de même écrire au milieu des fraicheurs odorantes du jardin, sous l'œil placide et protecteur de la jolie Phœbé, car j'avais hâte de vous dire les merveilles du lieu enchanteur visité.

Figurez-vous, sous des dômes rutilants de verdure, sous des piliers de cathédrales en fleurs, sous des lampadaires de rouges grenades aux feux éclatants, une toute petite roche grise aux pieds de mousse, d'où part, pour s'écouler en minuscule ruisseau d'une limpidité sans égale. la joyeuse source de Fontarame.

L'air est là d'une exquise suavité, sous le ciel bleu, d'un bleu foncé comme la teinte que l'on voit sur le fond des autels, au-dessus du chœur, dans les mystiques lieux imprégnés du parfum de l'encens.

Les oiseaux jasent, les cigales chantent dans l'herbe pleine de soleil; le Zéphir. léger comme une blanche aile de sylphe, passe en murmurant dans les rameaux d'acanthes mêlés à nos cheveux. Et de tout cela se dégage ce je ne sais quoi de vivifiant et de très religieux qui vous impressionne et vous étreint...

Un moment, à la vue de tant de calme beauté, je restai saisie; je sentis que j'allais joindre mes mains, tant mon être s'élevait à Dieu dans ce temple adorable.

Tante et ces demoiselles, autour de moi causaient ; et je confondais leurs voix, leurs rires, le bruit de leurs pas, aux mille bruits pleins d'harmonie qui couronnaient de vie ce tableau poétique et si pur.

Et Fontarame toujours coulait avec son cristallin bruissement de source vive, pendant que les branches des sorbiers inclinés présentaient leurs fruits mûrs dans le balancement charmeur de leurs rameaux.

La pluie du matin avait mis sur les herbes ourlant le petit chemin par où passait la source, des teintes admirables de fraîcheur, en même temps que les frondaisons échelonnées là-haut, présentaient une suite bizarre de tons vifs, clairs, foncés, sur lesquels le soleil posait comme des voiles de splendeur. Tout cela se drapait de reflets chatoyants, comme ceux qu'une lumière inconnue et céleste met aux habits des Mages que l'on voit peints sur des vitraux antiques, et par instants passaient les senteurs âcres et délicieuses émanées de la nature rafraîchie par l'ondée.

Sur de petits bancs de pierre placés à l'ombre des figuiers où chuchotaient les brises, nous nous assîmes avec, tout près, le fameux *gâteau* préparé la veille au soir par tante.

Le frère de mademoiselle Berthe se chargea de verser le vin blanc. Un chasseur inconnu, sorti tout à coup d'un amoncellement de branches enchevêtrées, en accepta un verre, et néanmoins nous eûmes du reste : une demi-bouteille et le tiers du gâteau, dont profita le bambin, pieds nus et joues roses, rencontré dans le joli chemin des amandiers, tout contre le vieux moulin dont les ailes brisées pleurent souvent, le soir, leur beau temps enfui.

Puis nous revînmes, par les sentiers bordés de vignes, où poussent des pommiers rabougris et des oliviers au doux feuillage vert pâle. En bas, les toits plats des maisons s'empourpraient sous les feux du couchant, et l'*angelus* sonnait à un clocher lointain...

Les insectes, dans les haies où saignaient les mûres, se sauvaient à notre approche. Un concert de bruits, confusément perdus dans la lumière du soir, rendait inoubliable la douceur des tableaux qui s'offraient à nos yeux.

Instinctivement. mon âme, à la vue de tant de beauté, remonta vers son origine, vers Dieu, la source de toute splendeur. Et tandis que nous descendions d'un pas alerte, sous la joyeuse chanson de Colette, le petit chemin caillouteux en bas duquel une pelouse très fraîche s'étalait, ombrée par les sapins, je ne pouvais distraire ma pensée de Fontarame, la petite fontaine aux ombrages parfumés ; je ne pouvais m'empêcher de revivre le calme de cette solitude, là-bas, vers ce temple pur, fait de choses véritablement saintes, essentiellement divines.

XIX

A Mademoiselle Valentine Dutrey.

Feuille volante

Nous nous tenions debout, sous l'ombre formée par le vert feuillage des érables.

Pas un souffle, pas le plus petit nuage dans le ciel qui se montrait désespérément bleu, d'un bleu foncé où le soleil mettait comme des miroitements d'éblouissantes paillettes d'or. Les grenadiers étaient pleins de poussière, et dans les haies, couvertes d'encensoirs, pour l'instant immobiles, il semblait que passait le souffle chaud et parfumé de quelque nymphe au corps voilé de gaze.

Distraitement, j'écoutais le chant incessant des cigales, en regardant évoluer dans la plaine les vendangeurs dont l'accent rythmique et sonore m'arrivait, à peine atténué par l'espace.

Mais tout à coup, une pierre roula dans le sentier sur les autres pierres, pointues et noires comme le basalte. Je me retournai et vis tante, grimpée sur unpetit monticule très à pic, regarder dans la plaine.

— *Le* voilà qui contourne la fontaine, au grand

trot de *Provence ;* il sera vite ici, dit-elle, en agitant, dans la direction du village, son ombrelle rouge, et en faisant de grands gestes de tête.

— Il est seul ?

— Non, je distingue le chapeau de Colette.

Déjà elle était descendue de son poste d'observation. Nous nous assîmes un moment, puis bientôt, dans le bas du chemin, un petit piaffement impérieux de bête alerte s'entendit, en même temps qu'une sonnaille de grelots.

Alors, immédiatement apparurent au tournant de la route montueuse, dans un encadrement rustique formé par les haies constellées du fruit vermeil des églantiers, les oreilles fort courtes de *Provence*, puis toute sa tête, avec son poitrail, ensuite son beau petit corps de bête potelée et bien portante, emprisonné dans le brancard de la légère voiture peinte en jaune clair, très clair, sur le devant de laquelle l'oncle Numa et mademoiselle Colette étaient assis.

Du plus loin qu'elle les vit, tante agita la main qui tenait son ombrelle, autant, au moins, que se remue la girouette de mon vieux pavillon par les jours de grand vent.

— Montez, dit l'oncle, en arrêtant *Provence*, qui renifla l'air quand nous passâmes près d'elle.

Déjà Colette était par terre que moi je n'avais pas encore gravi le marche-pied, par derrière.

— Eh bien ! mais... que fais-tu ? questionna tante.

— Je descends, marraine, afin de remonter auprès de Noëlla. *Nous rirons mieux.*

— Oh ! les enfants ! les enfants ! dit l'oncle.

Et quand tout le monde fut installé :

— Allons, va, *Provence* !

XX

AU POÈTE ALEXANDRE DUCROS

Paroles d'adieu

Dans peu de jours tout ceci ne sera que souvenir. Bientôt la vie active et les tableaux riants de la Vaunage à mon esprit ne seront que vision. Je vais partir, laisser toute cette contrée lumineuse et douce, abandonner mon bien-aimé Midi !

Ce qui me manquera surtout là-bas, vers les plaines sans fin ombragées de noyers, ce sera le soleil vivifiant et clair qui me pénètre ici de son bain salutaire.

Je ne verrai plus, sous la grande nappe bleutée du ciel, ondoyer la tête des oliviers, pas plus que les grosses grenades qui se fendent sous l'étreinte violente des rayons de l'astre aux feux mystérieux et sacrés.

Pour moi, la minuscule cascade, qui s'écoule, avec un bruit de perles remuées, parmi les anfractuosités de la roche habillée de lavande et couronnée de pins, n'étalera plus ses charmes. D'autres verront ce que j'ai vu, fouleront le sol où je me suis assise, s'appuieront contre les troncs d'arbres où souvent j'ai rêvé : ils regarderont, du haut de la plate-forme où s'écroule sans bruit mon pavillon, cette plaine si féconde en travail et en beauté. Mais sauront-ils comprendre ? Leur âme, comme la mienne, s'ouvrira-t elle au souffle des vents, à l'odorante émanation des thyms, à l'impressionnabilité des lys ? Les sorbiers leur parleront-ils ce langage charmant qu'ils me tiennent ? Je ne le crois pas, car la communion sans doute ne se fera pas entre eux... Peu d'êtres sont enclins aux pensées graves, méditatives et saines...

Je le prévois, cette contrée magnifique va rester déserte et fort triste de mon absence. Et puis viendront les jours sombres d'octobre, le tournoiement d'or des feuilles desséchées, l'aspect morne de la terre couverte de brouillard, où n'apparaîtront de vivants sous le givre que les parasols de la montagne et le vert des oliviers aux rameaux argentés qui tout à l'heure encore, étincellent de soleil et de joie !

J'écris ceci du fond de mon jardin, assise sur le banc peint en vert qu'abrite une touffe de sapins de Hongrie. Vous souvenez-vous de la confidence faite à cette place même, en une tiède matinée du mois dernier, par les cigales et par les orangers ?

J'écris, mais je regarde la grande maison au toit plat, comme les terrasses fleuries de Constantine ou de Beyrouth, tremper ses vieux balcons de pierre dans un bain chaud, parfumé ; et pendant que mes doigts glissent sur ces feuilles qu'un vent très léger me dispute, les azeroles se balancent contre le mur coiffé de briques rouges, en paraissant dire, avec un geste maladif de leur jolie tête éplorée :

— Ainsi, c'est vrai, c'est donc bien vrai ?.. tu vas partir ?

— Hélas ! hélas ! il le faut. Mais votre souvenir à jamais sera gravé en moi. Vous avez su, par le charme si pur de votre vie, captiver mon âme et étreindre mon cœur. Lieux qu'a bénis l'Eternel, je vous assure de mon amour immense. Mais, je vous en conjure, quand reviendront les jours ensoleillés et les nuits sereines emplies du flamboiement des astres ; quand tout en vous chantera la vie palpitante et féconde ; quand les cigales redonneront leurs concerts sous les mauves imprégnées de parfums, et que les troupeaux reprendront le chemin du bois montueux planté d'yeuses et de pins, songez quelquefois à la pauvre exilée qui, par les soirs de solitude, vous verra souvent, oh ! bien souvent ! tournoyer dans un rêve de bonheur !

APPENDICE

Aigues-Mortes

(Ballade)

Au poète nimois Guillaume Salzet.

Sur la place d'aspect sévère
N'avez-vous pas vu le saint roy
Songer au vieux temps qu'il révère
Et pleurer gentil palefroy
Resplendissant sous son harnoy ?
En son doux royaume de France,
De cela notre si bon roi
Garde peut-être souvenance.

Et sur les contours de la ville,
Etabli fort solidement,
Aujourd'hui désert et tranquille,
N'avez-vous pas semblablement
Vu le vieux rempart, document
Plein d'héroïsme et d'éloquence ?
Or, de ses preux, uniquement,
Sceptre bas, il a souvenance !

Et tout près, redressant sa taille,
La Tour au sombre souvenir
Serre sa robe de grisaille
Qu'elle croit pouvoir prémunir
Des justiciers de l'avenir.
Il est trop tard, tour de Constance :
Ton passé seul te fait honnir !
En as-tu toujours souvenance ?

ENVOI

D'Aigues-Mortes aux sombres tours,
Restes symboliques de France,
Berceau des joyeux troubadours,
Ne gardez-vous pas souvenance ?

TABLE

Saint-Amand (Cher). — Imp. Em. Pivoteau et Fils

www.ingramcontent.com/pod-product-compliance
Lightning Source LLC
LaVergne TN
LVHW020410230826
846091LV00004B/1225

* 9 7 8 2 0 1 3 2 5 2 3 0 0 *